VISIBLE LEARNING FOR SCIENCE

What Works Best
to Optimize
Student Learning

(GRADES K-12)

可见的学习

K-12科学版

[美]约翰·阿尔马罗德（John Almarode）
[美]道格拉斯·费希尔（Douglas Fisher）
[美]南希·弗雷（Nancy Frey）
[新西兰]约翰·哈蒂（John Hattie）
著

翁绮睿 译

教育科学出版社
·北 京·

致谢

我们永远感念那些为了学生的人生而日复一日努力发挥影响力的教师们和校长们。健康科学中等学院（Health Science High and Middle College）的教师们慷慨地敞开教室大门，并与我们交谈，使得我们能让“可见的学习”课堂上的科学教学对读者可见。弗吉尼亚州奥兰治县（Orange County）的几所公立学校也是如此。奥兰治县公立学校的学生们取得了更好的成绩，得益于以下人士的相伴：

谢里尔·兰姆（Cheryl Lamb），戈登－巴布尔小学幼儿教师。

亚历山德拉·达戈斯蒂诺（Alexandra D’Agostino），奥兰治小学 5 年级教师。

迪安娜·埃斯蒂斯（Deanna Estes），奥兰治县高中地球科学教师。

劳拉·钱伯斯（Laura Chambers），奥兰治县高中特殊教育教师。

尼克·索达诺（Nick Sodano），戈登－巴布尔小学校长。

朱迪·安德森（Judy Anderson），小学教学主任。

勒妮·霍纳克（Renee Honaker），中学教学主任。

我们尤其感谢督学布伦达·坦纳（Brenda Tanner）博士，她许可我们进入奥兰治县的学校和课堂，并且帮助我们完成了这项工作。

作者简介 xiii

约翰·阿尔马罗德（John Almarode），博士，曾与世界各地多所学校的教师合作。约翰在弗吉尼亚州奥古斯塔县（Augusta County）开始他的职业生涯，面向各级各类学生教授数学和科学。除了在基础教育学校工作，他同时还是詹姆斯·麦迪逊大学 STEM 教育与相关领域研究中心早期教育、初等教育与阅读教育部副教授、联合主任。2015 年，约翰被授予萨拉·米勒·卢克教育学特聘教授（Sarah Miller Luck Endowed Professor）称号。约翰的家人是他真正的后盾，他们也是约翰最骄傲的成就。约翰目前定居于弗吉尼亚州韦恩斯伯勒市（Waynesboro），他的妻子丹妮尔（Danielle）也是一位教师。他们有两个孩子——特莎和杰克逊，还养着两条拉布拉多猎犬——“天使”和“森林”。约翰的个人网站是 www.johnalmarode.com。

道格拉斯·费希尔（Douglas Fisher），博士，圣迭戈州立大学教育领导学教 xiv
授，健康科学中等学院教师领导者之一。他曾获得威廉·S. 格雷成就奖（William S. Grey Citation of Merit）、美国英语教师学会优秀著作奖（NCTE's Farmer Award for Excellence in Writing）和克里斯塔·麦克奥利弗教师教育优秀奖（Christa McAuliffe Award for Excellence in Teacher Education）。道格拉斯的联系方式是 dfisher@mail.sdsu.edu。

南希·弗雷（Nancy Frey），博士，圣迭戈州立大学教育领导学系教授，主攻阅读素养领域。她曾获得 2008 年美国阅读大会新人成就奖。她也是健康科学中等学院教师领导者之一，一名经认证的特殊教育教师、阅读专家和加利福尼亚州公务员。

约翰·哈蒂（John Hattie），博士，2011 年 3 月以来担任墨尔本大学墨尔本教 xv
育研究所主任，教育学荣誉教授。此前，他在奥克兰大学、北卡罗来纳州立大学、西澳大利亚大学和新英格兰大学担任教育学教授。他的研究兴趣主要是应用测量模型来解决教育问题。他曾任国际测验委员会（International Test Commission）主席，做过多位部长的顾问，并担任过澳大利亚教师和校长协会（Australian Institute for Teachers and School Leaders）主席。在 2011 年的英国女王诞辰嘉奖中，他被授予“新西兰荣誉勋章”，以表彰他对教育的贡献。他还是一名板球裁判兼教练，享受自己作为父亲的身份，对几条爱犬痴迷不已。当他的妻子在墨尔本获得晋升时，他追随太太搬到了墨尔本。访问 www.corwin.com/visiblelearning 即可进一步了解他的研究。

目 录

前言

周一至周五的每天早晨 7 点 55 分，我太太或者我自己（约翰·阿尔马罗德）都会把我们 6 岁的女儿特莎送到她的小学。她是个上学前班的孩子。我们的下一步是把 3 岁的儿子杰克逊送到本地幼儿园。在他们俩一天的生活中，科学学习都占有一席之地。作为一名教师，我致力于为我的科学课上的每一名学生规划、设计最好的学习经历并加以实施。作为一名学生，我能回忆起自己在 K–12（幼儿园至高中）阶段那些十分积极的科学学习经历。我上 6 年级时的科学老师克罗斯（Cross）女士鼓舞着我，使我成为一名科学教师，然后我又去培养未来的科学教师们。作为一名家长，我希望特莎和杰克逊也能经历同样严谨的、参与性强的科学学习环境，这样的学习环境会鼓励他们终身学习科学。

本书的其他作者也有相似的经历。从约翰·哈蒂的儿子和儿媳们（他们都是教师），到道格拉斯和南希的母亲们（她们也是教师），再到他们的同事和健康科学中等学院的学生们，大家都致力于寻找和实施对 K–12 阶段科学学科的教与学最有效的方法。因此，“**什么对 K–12 阶段科学的教与学最有效？**”就是引出本书接下来所有内容的根本问题。本书的目标是回答这个问题。

“什么最有效”非常重要

学习者有近 15000 个小时在学校度过，约占他们清醒时间的 33%。而且，学校和教师对这些时间负有重要责任，所以他们努力使学生在每一年的学习中至少实现一年应取得的成长或收获。我们了解“什么最有效”之后，就能够更有目的性地去规划、设计和实施科学教学。约翰·哈蒂提出了“可见的学习”这个概念，它为我们规划、设计和实施最好的科学教学提供了许多洞见（insights）。以下是可见的学习研究中最振聋发聩的三个洞见，或者说是主要观点。

1. 我们在学校和课堂中所做的某些事对学习科学有消极影响。
2. 我们所做的事情中，也有一些对学习科学的影响很微弱。
3. 最后，我们所做的事情中，也有一些对学习科学的影响很大。

最有效的事物，包括对学生在科学课堂上的学习有很大影响的思想、策略、干预和方法。回答“**什么对 K-12 阶段科学的教与学最有效**”这个问题，要求我们区分上述三类事物，这就是这本书的目的。

除了帮助管理者和教师理解上述三类事物的区别，约翰·哈蒂所做的覆盖 3 亿多名学生、8 万多个研究的 1400 余项元分析揭示了一个共同主题：**教师用学生的眼睛看学习，学生用教师的眼睛看自己**的科学课堂，提供了最佳的学习环境，这对于学生在科学学科上的学业成功十分关键。这样的课堂塑造了可见的学习者：（1）他们积极地学习，对他们来说，学习是师生共同完成的，而不是教师让他们完成的；（2）他们能够规划自己学习的下一步，能清晰地说出自己学习旅程的目标；（3）他们知道反馈的意义，能用反馈来改进学习，并了解反馈如何指导自己的学习旅程。塑造科学课堂上可见的学习者，也是本书的目的。

本书内容预告

在接下来的几章里，我们将要关注科学教学中对学生成功很关键的各个方面。每一章都会回答“什么最有效”，帮助科学教师去自己探究“什么最有效”，并且提出在科学课堂上塑造可见的学习者的框架。在每一章，我们都会解析可
3 见的学习研究，并把研究结论转化应用于科学的学习环境。我们将会提供清晰的 K-12 阶段科学课堂实例，这些课堂中的教师们做到了让学习对学生可见，而且对学习产生了显著的、可测量到的影响。换句话说，本书作者直接观察到的这些实例对学生学习确有实效。每一章还包含可见的学习研究中得出的效应量。

我们在第 1 章概述了可见的学习研究，并说明了这项研究如何改变了我们关于科学课堂上所发生的事情的讨论。我们着重介绍了学习的三个阶段：表层学习（surface learning）、深层学习（deep learning）和迁移学习（transfer learning）。学习是一个过程，而非一个孤立的事件，因此，了解学习的阶段有助于根据学习者所处阶段来判断“什么最有效”。有些策略对表层学习最有效，另一些策略则对深层学习或迁移学习最有效。学习是一个过程，这是《可见的学

习（K–12 科学版）》整本书的框架。本书关注的是教师促进学生的表层学习、深层学习和迁移学习的方式——尤其是通过给学生布置具有挑战性的任务。教师必须规划好能在这些阶段给予学生学习与进步机会的任务，而且在必要的时候，要能够灵活地返回学习的不同阶段。学习任务的类型，以及教师对任务的清晰把握，在学生由浅入深直至迁移的思考过程中尤为重要。教师要清楚明白地设计科学学习任务，就必须平衡任务的难度和复杂度。第 1 章最后，我们提出了讨论问题：科学课堂上的可见的学习不是什么，以及科学课堂上常被忽视的社交能力。

读完第 1 章以后，你应该能做到：

1. 解释可见的学习研究中的关键信息。
2. 描述科学学习的三个阶段。
3. 比较不同类型的挑战性任务。
4. 探讨科学中的社交能力。
5. 为“教师清晰性”下定义，并举例子。

第 2 章开启了在学习过程中层层深入之旅。这一章的重点是科学课堂中的 4
表层学习。通过 K–12 阶段课堂上的例子，这一章深入考察了表层学习的含义以及如何使表层学习可见。如上所述，“什么最有效”取决于学习者在学习进程的哪个阶段。这一章指出了促进对科学内容和程序性技能或过程技能（procedural or process skills）的表层学习的具体方法与策略。我们将首先告诉你如何选择促进表层学习的科学学习任务，并且讨论对科学过程（science processes）的表层学习。例如，我们强调直接教学（direct instruction），因为有相当多的证据表明直接教学是有效的。我们知道，有很多科学教师对“直接教学”这个词持负面态度，所以请允许我们解释一下为何要在这一本关于科学教学与学习的专著中谈及直接教学。直接教学不是简简单单地告诉学生如何去思考和行动，剥夺他们对周边世界好奇与探索的机会。乍一听到“直接教学”这个词，很多人都会首先想到照本宣科（script programs），即依赖对信息的传递，尤其是对基本技能的传授，比如阅读一段描述有机体和生态系统中的能量的课文，然后回答课后问题。教师们通常认为“打包课程”（prepackaged curricula）没有顾及学生的当下表现，也没有考虑到学生对每一课的反应。我们不是这样看直接教学的。正如约翰·哈蒂所说，直接教学的本质其实很普遍，用他的原话（Hattie，2009，p.206）来说就是“教师决定学习目的（learning intentions）和成功标准（success criteria），使它们对学生清晰可见，通过示范来说明它们，通过检查学生的理解程度以及复述一遍整堂课教学的内容并结课，来评估学生是否掌握了教学内容”。这一章的最后，我们将会探讨在学习的这个阶段里有效反馈的作用。

读完第 2 章以后，你应该能做到：

1. 描述表层学习的含义。
2. 在表层学习与科学知识及程序性技能之间建立联系。
5 3. 在教师清晰性与表层科学学习之间建立联系。
4. 指出促进表层科学学习的学习任务。
5. 解释表层科学学习中有效反馈的作用。

在第 3 章和第 4 章，我们将注意力放在深层学习和迁移学习上。第 3 章关注深层学习，第 4 章的重点是迁移学习。这两章所讨论的方法策略大体上对深层学习和迁移学习比对表层学习更有效。其中一些思想和实例对科学教师来说都不陌生；也有一些比较新鲜的思想和实例，它们来自近十年的研究。这两章的框架与第 2 章差不多。我们将会采用 K–12 阶段课堂上的一些例子，深入考察深层学习和迁移学习的含义，并说明如何使这两个阶段的学习可见。此外，这两章也会指出促进对科学知识和程序性技能或过程技能的深层学习与迁移学习的具体方法策略。这两章的最后也会分别探讨有效反馈在两个学习阶段中的作用。

读完第 3 章以后，你应该能做到：

1. 描述深层学习的含义。
2. 在深层学习与科学知识及程序性技能之间建立联系。
3. 在教师清晰性与深层科学学习之间建立联系。
4. 指出促进深层科学学习的学习任务。
5. 解释深层科学学习中有效反馈的作用。

6

读完第 4 章以后，你应该能做到：

1. 描述迁移学习的含义。
2. 在迁移学习与科学知识及程序性技能之间建立联系。
3. 在教师清晰性与迁移科学学习之间建立联系。
4. 指出促进迁移科学学习的学习任务。
5. 解释迁移科学学习中有效反馈的作用。

在本书的最后一章，我们关注的是如何通过评价令科学学习可见。可见的科学学习发生在教师用学生的眼睛看科学学习，而学生像自己的科学老师那样看自己的时候。在实践中，这要求教师持续不断地评价自己对学生学习的影响力，只有这样，他们才能真正用学生的眼睛看学习。除此以外，学生们必须对自己的学习有清晰的认识，这样才能积极投入学习过程，规划自己的下一步，并且理解评估的意义。什么样的评估才能被教师用来规划教学，并用来确定自己对学习的影响力呢？在这一章，我们还强调了评价在提供有利于学生成长的干预和支持方面的作用。

读完第 5 章以后，你应该能做到：

1. 计算效应量。
2. 解释评价在可见的科学学习中的作用。
3. 描述评价科学学习如何支持学习者走过学习的各个阶段。
4. 总结可见的学习研究中有关“什么没有效”的关键信息。

“什么最有效”在眼下就很重要 7

格雷厄姆·纳托尔（Graham Nuthall）在 2007 年出版了一本书，名叫《学习者的隐秘生活》（*The Hidden Lives of Learners*）。他分析了 500 多个小时的课堂录像和录音，有了一些令人十分惊讶的发现。其中两个发现有助于构建随后各章将要展开的讨论的框架：

1. 我们期望学生在课堂上学会的东西中，有 60% 是他们已经知道的。
2. 课堂上发生的大部分（80%）事情，教师都没有意识到。

纳托尔（Nuthall，2007）发现，学生走进学校和课堂时，知道的东西要比我们以为他们知道的多，以至于我们的课堂上还有一个隐秘的世界。现在再想想学生的在校时间（15000 小时，占清醒时间的 33%），这只是他们的一小部分时间，但人们期望他们利用这些时间取得学习上的巨大收获或者进步。因此，在科学教学与学习中**认识并实施最有效的方法策略**绝对是最充分利用我们与学生共度的短暂时间的关键，我们要通过确保自己关注着学生还不知道的东西，弥补那被忽略的 80%，使科学学习可见。

教师用学生的眼睛看学习，学生用教师的眼睛看自己的科学课堂提供了最好的学习环境，它综合了科学教学中对学生成功最关键的方面，那就是具体、有目标、有目的。

总而言之，本书包含了关于科学教学与学习的这些关键方面的信息，有证据证明它们对学生的表层、深层和迁移学习阶段的影响力。我们不建议单独应用它们，应当把它们结合起来，用于打造一系列相互串联的学习经验（experiences）和挑战性任务，从而使学生更显著地参与到科学知识和程序性技能的学习中，做得比以前更棒。

第1章　让科学学习清晰可见 9

太空垃圾、太平洋垃圾带、气候变化、濒危物种……，我们人类的未来大 10
大地取决于科学、工程与技术。应对这些危机以及未来更多危机的方法，将诞生于那些具有认知灵活性的科学家，他们能够对科学现象和由这些现象所导致的世界运转方式做出与众不同的思考。从某种程度上说，科学、工程与技术这三个领域当下必须解决的难题的根源，恰恰在于其自身。以太空竞赛为例，对工业化国家来说，太空项目就像王冠上的宝石，代表着自豪与功绩。谁又能想到，“伴侣号”和“阿波罗号”任务以及全球通信竞赛最终会产生超过 50 万个以每小时 17500 英里[1]的速度环绕地球转动的碎片呢（Garcia，2016）？这些预料之外的后果，或者叫作副作用（side effects），向当前和未来的科学家、工程师们提出了不可回避的问题。我们可以简单地探讨一下地球以及栖息在这颗星球上的数百万个物种所面临的严峻问题，但那并不是本书的重点。本书的重点是，世界需要体现出认知灵活性的各类科学家，这是解决 21 世纪及以后的问题、挑战和危机所必需的。学校有责任教育出能够合作解决难题并做出创新的科学家们。

根本的问题是：什么是教育未来科学家的最佳方法？同样重要的是：我们如何教育社会成员，使他们了解科学，即便他们未来不做科学家？了解科学和参与做科学的过程，并非仅仅针对有志于成为生物学家、化学家、地理学家和物理学家的人们。科学素养，或者说积极投身于社会所必需的对科学观念与科学过程的认识和了解，对于我们所有人在个人生活中以及在参与社会、文化和经济事务时做出明智决策，都是十分关键的。对科学有所了解是成为有见识的公民的一部分。因此，本书其实有两重目的。我们希望促进关于未来科学家的教育话题的对话，尤其是探讨哪些类型的学习经验将使他们为提出新思想并解决难题做好准备。而我们也希望确保那些不打算追求科学事业的毕业生能了解
他们周围的生物世界、物理世界和社会。我们希望他们能够批判性地思考媒体、 11

① 约合 28164 千米。——译者注

流行文化和科学普及读物中的观点。用维生素 C 来举例吧。如黄和弗兰楚斯（Huang & Franzus，1984，p.19）所指出的，“有关维生素 C 的争论，从维生素 C 被发现的那一刻就开始了”。时至今日，关于维生素对人类诸多病症——从感冒到癌症——的治疗作用的争论仍未休止。维生素对败血症的预防作用已成为科学界的共识，但维生素治疗其他病症的作用尚存争议。普通人如何看待从互联网上查到的彼此矛盾的信息？他（她）如何针对自身情况做出明智决策？无论是未来科学家还是普通的社会成员，如果没有强大的科学根基，就都无法合理使用任何渠道的信息。

和关于维生素 C 的争论一样，教育领域也在某种程度上游移不定，陷入众所周知的左右摇摆的危险，一个研究提出一个具体建议，紧接着就会有另一个研究提出完全相反的建议。例如，在科学教育领域，还存在着关于直接教学和探究式方法的争论。用迪安和库恩（Dean & Kuhn，2007，p.384）的话来说，“研究揭示了，对于知识的牢固掌握和长期保持来说，直接教学既不是必要条件，也不是充分条件”。但是，塞佩达、里奇、罗涅维奇和努克斯–马拉克（Zepeda，Richey，Ronevich，& Nokes-Malach，2015，p.966）说明了直接教学对元认知技能——例如，规划、监测和评价——的意义。他们说：“直接教学和对多种元认知技能的练习，能够提高中学生在科学课上的元认知监控、学习、迁移和动机效果。”你相信谁呢？你要如何去促进学生的学习呢？关于什么对学生学习科学最有效，似乎没有明确的答案，这至少会让人很沮丧。

可见的学习

让我们走进可见的学习。“可见的学习”数据库由超过 1400 个元分析组成，它们涉及 8 万余个研究，覆盖 3 亿多名学生（Hattie，2009，2012）。这是教育领域的大数据。事实上，一些人指出这是目前最大的教育研究数据库。为了从如此大量的数据中挖掘意义，约翰·哈蒂把工作焦点对准了元分析的综合。元
12 分析是一种统计工具，它把不同研究的结果综合起来，旨在发现对教师和领导者有启示的模式。换句话说，元分析是对研究的研究。以家庭作业及其对学生学习的影响来举例。管理者和教师们能够轻易地找到表明家庭作业对学生学习有积极影响的研究，然而第二天又会发现另一个观点相左的研究。教师该怎么办呢？元分析的综合通过分析一批家庭作业研究的结果，来揭示这些研究的总

体趋势，也就是说，关于家庭作业，这一批研究说明了什么。

然而，研究结果背后的故事不仅基于它对学习的影响是积极的还是消极的，或者没有影响，影响的大小也很重要。被用来从一批研究中汇总这方面信息的工具叫作效应量。效应量（effect size，ES）是特定效应的规模，或效应的大小。效应量能帮助读者从量化的角度理解影响力。举例来说，假如有一个研究发现，让学生们坐着吧台凳上科学课，导致了在统计学上显著的结果，p 值小于 0.01。于是人们可能会在所有的科学课堂上都使用吧台凳，向学校出售吧台凳的企业股票一路飘红。而使用吧台凳的科学课堂可能会变得稀松平常，成为被广泛接受的教育实践。

可是，假如你通过进一步阅读了解到，实验组的吧台凳每个月产生的效应量仅比控制组大 0.03，极为接近 0；而且，你还了解到样本量是巨大的。尽管吧台凳的影响力并不大，但巨大的样本量造成了统计学意义上的显著。如此，你还会限制科学课的学生坐在吧台凳上吗？恐怕不会了吧（这个例子是我们编的）。我们从这个例子中得到的启示是，计算效应量的方法能帮助管理者和教师在学校和课堂中更加关注影响力及其大小，从而做出更好的决策。

认识效应量使我们知道一个特定的影响对于成绩的变动有多大作用，或者换种方式来说，一种教学方法的投入产出比如何。一些措施很难在我们的学校和课堂中实施，而且它们的影响力很小。而另一些措施很容易实施，可它们的影响力也不大。为了对学生学习科学发挥最大的影响力，我们要找到具有更大影响力的措施，其中一些不容易实施，另一些实施起来则相对容易。当你要决策采取什么措施去影响学生的科学学习时，不想知道效应量是多少吗？知道了效应量，你就能够决定一种特定的干预、策略、行动是否值得一试。那么“值得”和“不值得”的临界点在哪里呢？约翰·哈蒂说明了，效应量大于 0.40 的干预、策略和行动能使学生以适当的速度学习，它意味着学生取得至少一个学年的成长。在这个标准建立之前，教师和研究者没法决定可接受的临界点，因此一些效果薄弱的实践延续不衰，它们的依据通常是统计学上显著的研究结果。也就是说，教师和研究者宣传的是与学习正相关，而且是统计学上显著相关的实践，而不是相当于一学年的成长进步的实践。下面我们举两个真实的例子。 13

首先是按能力分组（ability grouping）。有关学校里最佳的分班方式，有着数不胜数的议论。为了帮助人们理解效应量，约翰·哈蒂创造了一种指示表，从而使相关信息直观可见。图 1.1 是按能力分组的指示表。你可以看到，它的效应量是 0.12，远远低于期望效应，即 0.40。这是根据对 500 个研究所做的 14 个元分析的综合得出的结果，这些研究共涉及 1369 个效应。虽然根据成人感知到的学生能力对他们进行分组很有吸引力，但是证据表明还有对学生学习影响力更大的做法。

其次是增加课堂谈话（classroom discourse），即课堂讨论、课堂对话。学生被邀请来与合作小组中的同伴交谈，合作解决复杂难题。学生可能并非按能力分组，而是更可能被教师出于增进学业多样性的目的分成小组，小组成员间可以提供话语支持，且具有不同的兴趣和动机水平。如图 1.2 的指示表所示，课堂谈话的效应量是 0.82，远远高于临界点，差不多相当于在一学年里实现了两年的进步。这个结果是综合了 42 个研究得到的，涉及 42 个效应。作为一名教师，明智的做法是集中精力组织课堂谈话，而不是按照能力对学生分组。

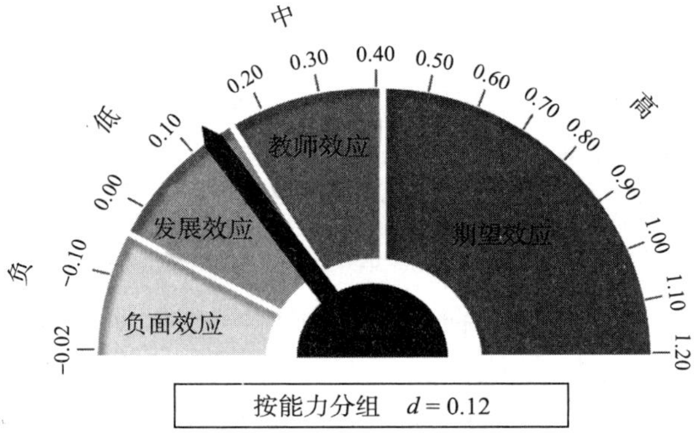

图 1.1　指示表 1：按能力分组的效应量

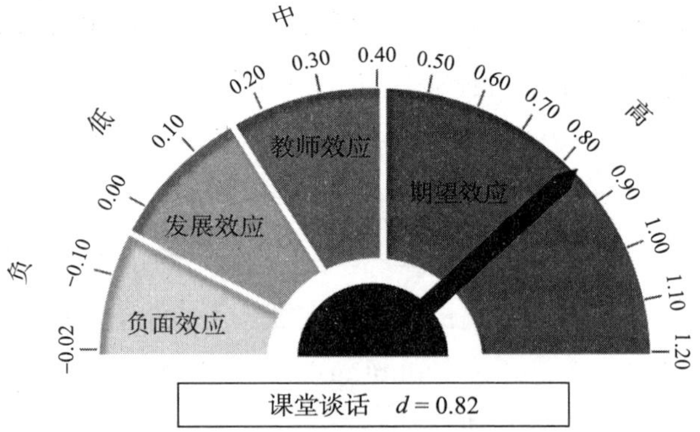

图 1.2　指示表 2：课堂谈话的效应量

可见的学习数据库在决定“什么最有效”上面很有用。有很多措施有效，但只有一部分措施能提高学生学会一年应学的内容、增长一年应长的本领的可能性。你看，当研究者和教师采用零增长的假设时，教师们 95% 的做法是有效的。而当要确保学生在学校度过一年时间以后确实取得了一整年的进步时，教师们只有一小部分做法是有效的。我们认为，教师该关注什么最有效、什么没效果、什么无损害。为了回答我们的问题——什么是教育未来科学家的最佳方法？我们如何教育社会成员，使他们了解科学，即便未来不做科学家？我们必须设计对科学的教学和学习最有效的学习经验。但是，要这样做，就必须有目的、有意图地根据学习者的学习起点和下一步学习方向来设计学习经验。 14

表层学习、深层学习和迁移学习

可见的学习效应量列表暗藏的风险，在于管理者和教师会采用效应量最高的 10 个方法，仅仅关注榜上有名的影响。我们不赞成这种方式，因为这张列表没有关注学生的学习阶段。处于不同思维阶段的学生，受到这些方法、策略和影响的作用是有差异的。我们把学习分为三个层次，或者叫三个阶段，即表层学习、深层学习和迁移学习（见图 1.3）。学生要进入深层学习，必须先经过表层学习的发展。而伴随着正确的教学方法，深层学习会促成迁移。 15

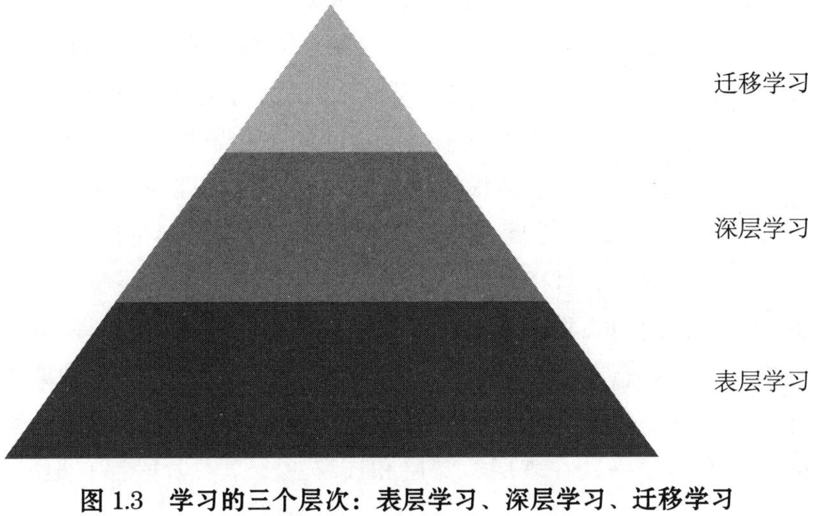

图 1.3　学习的三个层次：表层学习、深层学习、迁移学习

学习是一个过程，而非一个独立事件。学生对于一些科学内容的理解仅停留在表层。正如我们在下一章指出的，表层学习通常不受重视，但它应当成为，也需要成为每个科学课堂的必要组成部分。你必须先知道一个科学思想或观点，才能运用这个思想或观点去做事情。我们从未见过哪个学生在完全不理解文本的情况下，就能把多源头的信息综合起来。我们并不是把表层学习定义为浮皮潦草的学习，把这一点说清楚非常重要。相反，我们把这个学习阶段定义为概念理解、程序性技能和新科学主题下术语词汇的初级发展阶段。

16 随着关于如何关联和拓展观点的适当的教学，表层学习会变成深度理解。如果学生要为自己设定期望，监测自己的成就（$d = 1.44$），深度理解就很重要了。我们将在第 3 章探讨深层学习，它是指学生在概念性观点与实践之间建立联结和更加熟练地应用程序性技能。当学生规划、调查、阐述他们的概念理解，以及开始基于自己在科学原理和科学现象上的经验进行概括时，他们就是在进行深层学习了。

但是学校教育不应该止步于此。学习要求学生学会应用或迁移内容知识、程序性技能和应对新任务、新情境的策略。迁移很难被掌握，这是我们严守的秘密——我们总是宣称学生能够迁移，却往往不讨论迁移的教学过程和辅助他们学习迁移的过程。我们将在第 4 章探讨这个主题。

表 1.1 是一个典型的策略清单，或者叫影响力清单，是按照学习阶段分别罗列的。我们把每个策略放在特定的学习阶段里，依据是研究者提供的策略影响力和影响结果的证据，研究者用它们来记录每个策略对学生学习的效应。例如，
17 我们把概念导图和图形组织器[①]放在深层学习里面。学习者要是还没理解科学知识或思想的话，就会发现自己很难去组织这些知识和思想。比如说，如果不理解能量守恒的概念，高中生就会根据问题的表层特征（即问题中涉及汽车还是盒子）而非深层特征（即这个问题涉及能量和动量守恒，还是仅涉及能量守恒）来划分问题类型。学生们对特定的科学思想进行了充分的表层学习之后，就能够看到多个思想之间的关联，并能够建立视觉表征。视觉表征通常进一步阐明了这些科学原理的概念。然而，也有一些对学生学习很有影响力的策略与学习阶段没有对应关系。例如，科学中的阅读教学、教师期望、教师清晰性、反馈和学生的自我期望是一些在表层、深层和迁移三个学习阶段都有很高影响力、

① 图形组织器“graphic organizers”，即用图形表示概念之间的逻辑关系，并具有辅助思考的作用，与“概念导图”“思维导图”是近义词，因此表 1.1 中仅出现“概念 / 思维导图”，未出现“图形组织器”。——译者注

能促进高质量可见的学习的要素。

尽管如此，可见的学习的一个关键主旨是教师应当更多关注学习，更少关注教学，尤其是要特别有意地关注各种方法对学生学习的影响力。所以，我们要提出一个请求：请不要让任何教学策略凌驾于学生学习之上。如果一个方法没有用，就去改变它。如果你曾经以任何方式取得过成功，那就再试试，但要确保它有效。举例来说，你喜欢图文并茂的词汇表，并不意味着它对你带的科学课上的所有学生都有效，也不意味着它对于科学课的所有课程主题都有效。教师必须监测学习策略对学生的科学学习的影响力，找出有效的策略。我们的列表、观点和建议以什么最有效为核心，但这里的“有效”必须是对现在坐在你面前的学生有效。这就是我们在每个学习阶段提供了多种选择的部分原因所在。可能并不存在唯一正确的教学方式，但确实存在错误方式。我们对正确方式的定义包括，要有证据证明学生在学习上有进步。学生需要有机会去说明他们的学习，从而使学习对师生都可见。学生可以通过许多种任务说明学习进展，这是我们接下来要探究的主题。

表 1.1　每个学习阶段中的高影响力教学方法 18

表层学习		深层学习		迁移学习	
策略	效应量	策略	效应量	策略	效应量
视觉化	0.45	基于探究的教学	0.40	延伸写作	0.44
做笔记	0.50	提问	0.48	同伴辅导	0.53
程序性技能：做记录	0.52	自我提问	0.55	从多篇文本中汇总信息	0.63
直接教学	0.60	元认知策略	0.69	问题解决式教学	0.68
过程技能：整理	0.60	概念 / 思维导图	0.64	正式讨论（如辩论）	0.82
词汇课	0.62	交互式教学	0.74	组织概念性知识	0.85
借助先前知识	0.65	课堂讨论：谈话	0.82	迁移概念性知识	0.85
记忆术	0.76	整理和转化笔记	0.85	找出共同点和不同点	1.32
程序性技能：总结	0.79	小组学习科学 0.51			
整合先前知识	0.93	合作学习 0.55			
教师期望 0.40					
反馈 0.70					
教师清晰性 0.75					
科学中的阅读教学 0.98					
学生的自我期望 1.44					

挑战性任务

如上所述，学生学习分为三个阶段：表层学习、深层学习和迁移学习。教
19 师必须规划好能在这些阶段给予学生学习与进步机会的任务，而且在必要的时候，要能够灵活地返回学习的不同阶段。在学生从表层学习向深层学习和迁移学习迈进的过程中，学习任务的类型很重要。为了设计好科学学习任务，教师必须在任务难度和复杂度上保持平衡。学生经历一次“金发姑娘”挑战——既不太难也不会无聊——的效应量是 0.74。

说回难度和复杂度这两个概念。我们认为难度是学生被期望做出的努力或工作量，而复杂度是思考的层次、步骤的数量或任务的抽象程度。我们不认为教师通过让学生多做功课就能够对学生学习产生根本性的影响。而且，要求学生参与对他们所在水平来说太难或不够难的任务，也会降低其对学生学习的影响力。相反，我们应当在设计学习任务时平衡难度和复杂度。在本书中，我们在讨论教师在规划和评价学习时所使用的不同策略与任务时，都会回到难度和复杂度的概念上来。按照难度和复杂度的高低可以构建一个象限图（见图 1.4），每个象限都在学生学习科学的内容知识和程序性技能中发挥着重要且必要的作用。

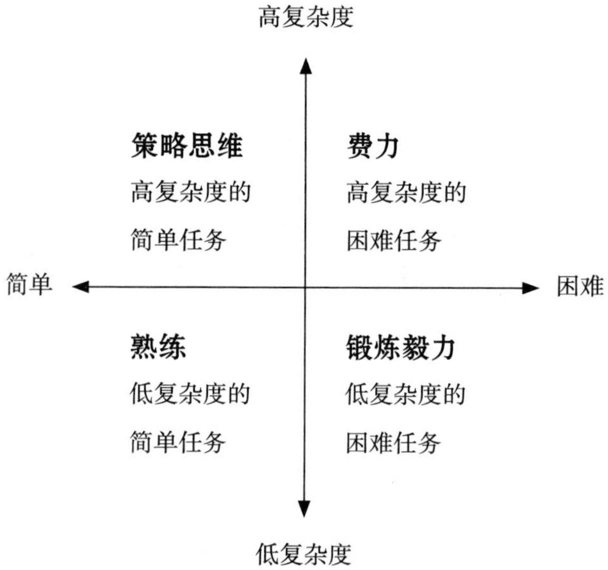

图 1.4　比较难度和复杂度

熟练

学习者对科学内容和程序性技能的熟练表现在他们能在未来的情境中自动化地使用这些知识。低难度和低复杂度代表熟练，但这个象限并非无关紧要。这个象限中的任务已经成为习惯，仍需要通过练习去保持，但练习是为了保持而非为了新的学习。对本书的大多数读者来说，做笔记就在这个象限。它既不太难也不复杂，但它十分重要。科学教师可能会发现，说明或演示地球和太阳在四季的相对位置是比较简单的，对他们自己来说这不需要复杂的思维。然而，这个知识点对处于科学学习初级阶段的学生来说非常重要。其实，我们认为科学课的目标是把所有教学内容都推入这个象限。当学生们对科学概念和程序性技能的运用达到熟练之后，他们就更有可能把所学迁移到新情境之中。换句话
说，如果特定内容和程序实现了自动化，学生就能把更多认知资源花在把知识 20
（例如，太阳光的直射和斜射、气候与天气类型、月相）灵活应用于新情境上。因此，科学课上应当定期要求学生参与提高熟练度的活动，从而支持他们发展科学上的自动化。

以下是另外几个提高熟练度的任务实例：

1. 用姿势或舞蹈帮助学习者记忆程序，例如水循环、岩石循环等等。

2. 让学习者制作闪记卡（flash cards），一面写问题，另一面写答案。学习者可以在一天或者一节课的时间里做快答练习。要注意的是，即便学生回答正确，也要把卡片放回卡片盒子。

3. 在一个星期、一个学期、一个学年中螺旋式地学习科学。两周前学习
的概念和程序应当被包含在接下来的评价中。无论你是使用入场券和出场券 21
（quick entrance or exit ticket）[①]、传统的测验，还是做表现评价，评价中的任务都应当涉及先前学习过的科学内容知识和程序性技能。

虽然熟练度很关键，但是如果学生在科学学习中只接触提高熟练度的任务，

① 入场券和出场券是一种随堂评价和反馈工具，由学生填写。在开课时填写入场券，填写内容是回顾前一天学习的内容和自己的掌握情况；在结课时填写出场券，填写内容是总结本堂课所学内容和自己的掌握情况。通过采用这个方法，教师可以了解学生的学习进展，知道自己哪里讲清楚了，哪里还需要再复习巩固；学生也可以通过书面总结来汇总、表达和巩固自己新学的内容。——译者注

学习就很可能不牢固。学生将会依赖死记硬背，这可能会让他们在一次评价中表现良好，但这样的学习是带不出考场的。

锻炼毅力

那些虽然较难但不太复杂的任务也很重要。这类任务会强化学生的毅力、决心和韧劲。对许多学生来说，研究论文属于这个象限。在老师布置写一篇研究论文的作业之后，学生们必须计划好研究方法、辨明中心思想、查找和引用资料、写出论文提纲和草稿，然后根据同学、老师的反馈或者自己的反思，对文本进行修订。完成一篇研究论文的过程没有那么复杂，但是会很困难。再举一个例子，一名初中科学老师叫她的学生们估算，透过一个硬纸卷筒能观测到夜空中的多少颗星星。这就要求她的学生们把硬纸卷筒带回家，等到日落以后，用硬纸卷筒观测夜空中的八个不同方位，然后数出能看见的星星数量。通过把一系列数字填入一个简单的公式，就可以对星星数量做出估算。这个活动并不复杂，但是数星星和计算数字是不容易的。和写一篇研究论文的例子一样，学生锻炼了在实地科学调研中收集科学数据的毅力。

以下是另外几个锻炼毅力的任务的例子：

1. 让学生参与实验室调查，让他们用实验的方法计算已知常数（例如，重力加速度、静摩擦系数和动摩擦系数、哈勃常数、光速等等）。没错，让他们测算已知常数。这会磨炼他们在科学研究过程中发现和创造所必需的毅力。

2. 使用表现型任务或项目。让学生建造一个复杂机械，它可以是两个及以上简单机械的组合，用来实现一个特定的任务。或者让学生写一篇言之有理的文章，论证一个有关气候变化、不可再生能源、洪泛区的建筑和生计等等的特定观点。

3. 开展长达一周、一学期，甚至一整年的调查研究来指导科学学习。学生可以种一株豆科植物，测量日照角度，做一份月相观察记录，开垦并维护一座班级花园，等等。

随着时间的推移、练习的增多和反馈的累积，“锻炼毅力”象限中的任务就会转移到“熟练”象限中，这是我们的目的。让学生参与锻炼毅力的任务的关键之一在于，要保证任务不是特别复杂，以免学生无法完成。

策略思维

降低难度、提高复杂度要求运用策略思维，而且往往同时要求运用元认知思维。当一名学生因为测量到的通过电阻的电流不太对劲而重新检查数据时，当他由于质疑论据而重新阅读一篇文章以查明作者的主张时，或者当他在实验室里放慢节奏去思考滴定法的每一个步骤时，该学生就是在运用策略思维。策略思维对于学生发展科学探究能力尤为重要。你人生中也有一些时候不知道该怎样从数据中做出推断。或许你的老师为你设计了一个方案，让你去试试；或许老师做了个示范；或许你的同学解释了他的思路。不论怎样，你都能够经历一次推断。然后，你开始笨拙地尝试运用这些步骤。你慢条斯理，对于要做什么心中有数，而且特别小心翼翼。随着时间推移和不断地练习，你内化了这些做推断的步骤，使它们变成了习惯，可以被自动化应用。但是遇到难攻克的问题时，你又回到了解决难题的策略思维上。比如，为了使 2 年级学生提高问出高质量科学问题——可以通过实验检验和证实的问题——的能力，教师提供了若干个高质量科学问题的例子和反例。他让学生们分辨哪些问题是好的例子，哪些是反例。学生分小组协作，开始有策略地思考高质量问题的特征，他们会运用自我提问、自我监控、批判性思维、评价和反思，去思考高质量科学问题包括和不包括哪些特征。

以下是另外几个运用策略思维的任务的例子： 23

1. 为学生提供不相匹配的数据和物理场景。让学生批判性地评价数据和物理场景，说出具体哪里不匹配，并给出理由。

2. 当学生参与问题解决时，减少问题的数量，让他们写出解决问题的每一个步骤的解释或证明。另一种做法是给学生错误解决问题的例子，让他们评价同学给出的解决方案，并且改正错误。

3. 绘制锚图（anchor chart），展示具体的理解策略（例如，归纳、提问、联结、预测、可视化和推断）。在学生参与科学阅读时，或者阅读科学内容时，示范如何运用这些策略，然后鼓励学生照着做。互动科学笔记（interactive science notebook）能很好地支持运用策略思维。

教学生学会有策略地思考的要点之一是降低难度，这样问题的复杂度才会凸显出来。在有关高质量科学问题的那个例子中，教师需要降低问题的难度，使得 2 年级学生能够专注于比较每个问题的必要特征这种与复杂度有关的事情。

费力

当难度和复杂度都很高时，学生可能会感到吃力——这种吃力感对于学习过程很重要。这不是说所有的课、所有的任务都应该让学生感到吃力，而是说教师应该有策略地将学生置于需要费力应对的情境中，从而使他们拓展自己的学习。正如卡普尔（Kapur，2008）指出的，在有效学习中，富有成效的失败是一种重要考量。卡普尔（Kapur，2014）进一步观察到，“从错误、差错、失败中学习似乎是凭直觉和被动的。每个人都经历过。但是，假如失败是一种强大的学习机制的话，我们为什么要等着它发生呢？为什么我们不能设计失败，去理解它如何发挥作用、在什么时候发挥作用呢？要是在学习新概念或者新技能时设计一次失败，导致学得更扎实，那又会怎样呢？”（para.1）。例如，在高中
24 物理课上，学生们正在解决一个开放性问题：考虑一个物体的初始高度和初速度如何影响该物体的抛物线运动。教师给他们提供了多种材料（例如，不同质量的物体、塑料的追踪和测量器材等等），要求他们自己设计实验来回答这个问题。这就是一个既困难又复杂的任务。

当学生们参与这项费力的具体任务时，他们的物理老师能够并且也应该监督学生的对话和解题进展，这样才能够既查明费力之处，又弄清楚费力的原因何在。只有这样，教师才能够找到适当的学习经验，从而降低学生后续学习的费力程度。这种监督和有意干预使得教师能够把任务转移到策略思维或者锻炼毅力的象限里，那需要额外的练习和反馈，以达到掌握或熟练水平。换句话来说，费力是重要的，但学生如果要变得对特定内容或特定的程序性技能游刃有余，也需要练习的机会。通过费力的任务去指导接下来的任务选择，给了学生参与分散练习的机会。如果上面提到的物理课上的吃力感是由于学生不理解抛物线运动中的水平运动与垂直运动之间关系所导致的，那么他们的教师应该提供额外的学习经验，让学生有策略地思考这个关系，然后练习辨别、描述和解释这种关系，提高熟练度。我们知道，分散练习比集中练习有效得多（效应量为 0.71）。

我们可以用如下策略来创设使学生感觉费力的情境：

1. 案例对比：案例对比是指举出两个实例，或者设定两个场景，它们与一

个共同的科学观点或者科学现象相关联。两个实例之间的区别反映的正好是该观点的本质或独有特征。对于一部分学生来说，区分它们可能很困难，因而他们感觉费力（例如，变化和转化的概念、金属与非金属、肌肉类型、化学反应的类型、不同物种、各种生理适应现象等等）。学生很可能会非常费劲才能找出使其中一个区别于另一个的本质特征。如果学生能发现这些特征，那就再加一个实例。案例对比能够帮助学生去关注那些重要但模糊的细节。

2. 深度类比：这种类比要求学生找出两个及以上实例之间的共同点，而表 25
面上看来，这些实例截然不同。例如，学生可能会被要求找出速度和密度之间的相似性。这种方法促使学生探究概念和观点的深层结构，很可能引起费力的感觉。

在可见的学习科学课堂上，学习任务的设计是需要深思熟虑的。学生们要成为精确的科学信息的“消费者”和“生产者”，就需要体验多种多样的学习任务。有必要给予他们与教师和同伴协作学习的机会，也要让他们有机会独立学习，这样他们就能发展继续自主学习所不可或缺的社会技能和学术能力。这就是科学教育不仅仅是演示和实验的原因。说到底，板凳科学家（也就是那些在实验室做研究的人）也不是整天做实验，而是拿出相当多的时间阅读、写作以及与其他科学家交谈。

科学不止演示和实验

恐怕没有哪个领域的内容比科学更适合课堂演示了。一场让人惊掉下巴的演示能唤起好奇心和探究欲，为接下来科学概念的学习树立切实的目标。这些难忘的场景可以是反转事件，因为它们利用惊喜来增强动机；也可以是视觉表演，因为它们通过运动和光影来唤起记忆。我们不禁怀疑，每一位优秀科学教师的内心都有一个小孩，他们曾经为关于一个神秘科学概念的炫目表演而心醉神迷。奥利弗 · 萨克斯（Oliver Sacks, 2001）在他的自传《钨伯伯：一个化学男孩的回忆录》（*Uncle Tungsten: Memories of a Chemical Boyhood*）中曾回忆起被痴迷于科学的父母和兄弟姐妹们所围绕的家庭生活。在题为“臭气和爆炸”的一章里，他写到自己十岁时和两位兄长一起做的一场演示实验：

> 大卫和马尔库斯已经是医学生了，他们被我的实验室里的声响、闪光

> 和气味所吸引，有时会加入我的实验——他们分别比我大九岁和十岁，但
> 26 年龄差在那些时候并没有影响到什么。一次，我正在做氢气和氧气实验，突然爆发一声巨响，燃起一片遮天蔽日的火帘，把马尔库斯的眉毛烧了个精光。不过马尔库斯仍乐此不疲，他和大卫经常提议再做做别的实验（p. 77）。

化学老师杰夫·加里汗（Jeff Calihan）用科学的“臭气和爆炸”吸引并激发学生对化学的兴趣。作为美国化学学会（American Chemical Society）的当地会员，他招募了一些中学 8 年级的孩子，激发他们对科学的兴趣。他在每一所支持此项目的中学举办“魔法日”活动，用一系列令人惊奇的化学演示实验让学生们大饱眼福，这些演示实验总是能让学生学到相关的科学概念来解释实验现象。

这些学生中，很多人到了 11 年级以后，仍受到那些不可思议的演示实验还有对臭气和爆炸的回忆的诱导，注册了化学课程。在第一天的课上，加里汗老师就奠定了“红衣主教化学家”的基调，这是上课的学生们给他取的绰号。他在引入该节课要讲的原理时，把少量异丙醇（2-丙醇）倒入一个空的 5 加仑水冷却槽。他二话不说，燃起一根火柴放在容器口，“砰”的一声，新生们吓得倒吸冷气、尖声惊叫。随后，加里汗老师让学生们快速写下他们刚刚目睹的事情。通过邀请学生们反馈，他推动了一场关于爆炸与燃烧的区别的讨论。许多学生在刚才的作文中混淆了这两个术语。加里汗老师让学生花几分钟时间修改作文，使用精确的词语，而且再次回顾相关的原理，提醒他们学习相关原理是为了大家的安全。最后，他把课导向最后的要点——“化学是颗炸弹”。

我们应当注意，加里汗老师的教学不全是“臭气和爆炸”。他把写作和演示实验并举，给予学生澄清认识的机会，而且支持学生去探索尚未了解的事物。他还把工作严谨地建立在每一个演示实验的理论基础之上。确实，假如不是谨慎留意科学概念，学生们很可能会形成关于所见所闻的错误概念。然而，对活动的热烈反馈也是这位老师教学设计的一部分。“科学很好玩，”加里汗老师说，“这是它能抓住学生的注意力的原因。”

27 弗里德曼（Freedman，2000）提出了设计有效的科学演示的若干原则：

- 制订明确的目标。演示必须与所学习的科学概念有直接关联。这个学习目标必须对学习者清晰可见。

- 精心策划演示。不能停留在堆积材料的层面。为了理解演示的理论基础，学生们还需要哪些学习经验？应当设计相关的课，帮助学生与重要概念建立联结。事实上，你应当确保是在设置了学习目的和成功标准以后才选择做哪个演示，而不是先选择一个“酷炫”的演示，然后让它去契合内容。
- 策划可重复的演示。学生们可能需要再看一遍演示。为了应对这种可能状况，应保证手边有多余材料。还要确保你选择的演示会产生可靠的、前后一致的结果。在一堂课的最后重复演示，有助于巩固所学。
- 策划安全的演示。虽然科学演示这种不同寻常的事件能促进学习，但你的学生们可不想亲眼看到你受伤。
- 考虑演示的可见性。拥挤的教室会给尽情观赏演示增加难度。如果你的学生们挤占位置的话，那么又会给他们造成安全隐患。假如你的课堂上存在视线遮挡的状况，可以考虑先给一半学生演示一遍，再给另一半学生演示一遍。如果你所演示的现象需要近距离观察，那就把学生分成若干小组，分组演示。
- 不要低估演技的重要性。科学演示中用语言和形象表达出来的“臭气和爆炸”能够吸引你的学生们。别害怕表演——你的热情是会传染的。

没错，演示是科学课堂上一个重要的方面，它让学生对较为抽象的观点产生具体的经验。然而，学生们要学习表层、深层或迁移层面的内容，仅仅靠演
示是不够的。我们在中学课堂上常常见到对学习没什么影响的演示——用食物 28
来做细胞组成的模型，演示不同类型的土壤，或者演示月相，给少数几个实例命名，如果学生们没有获得更多的机会去澄清理解，也没有机会去探索未知领域的话，那么这些演示不会产生期望的学习成果。

我们关注的是，在一些环境里，科学教育被视为一连串的实验和经验，而不是目标明确地探索观念、技能和策略，包括探索社交能力。我们把科学课堂视为学生发展软技能（soft skills）的理想场所。谷歌上“软技能”的定义是“使人有效而和谐地与他人互动的个人特征”，它通常包括：

- 团队协作；
- 适应能力；
- 问题解决能力；
- 批判地观察；

- 解决冲突；
- 场合意识。

剥离社交能力培养的科学课程，会培养出学识广博却不懂得如何与合作者相处的个人（他们缺乏参与团队协作的能力）。重要的是，具有较差的科学能力、较强社交能力的人，比科学能力强而社交能力差的人就业率更高、就业质量更好（Deming，2017）。换句话说，许多雇主十分希望雇用具有社交能力和一定科学知识的人，而不是雇用那些社交能力差却满腹经纶的人。想象一下，若是我们培养出既具有很好的科学内容知识，又有很强的科学过程技能，还具备很厉害的社交能力的人，会是怎样一番景象？根据《经济学人》（*Economist*）上的报道（Deming，2017），职场中社交能力的重要性越来越高（见图 1.5）。我们将在下一节详细讨论这种能力。

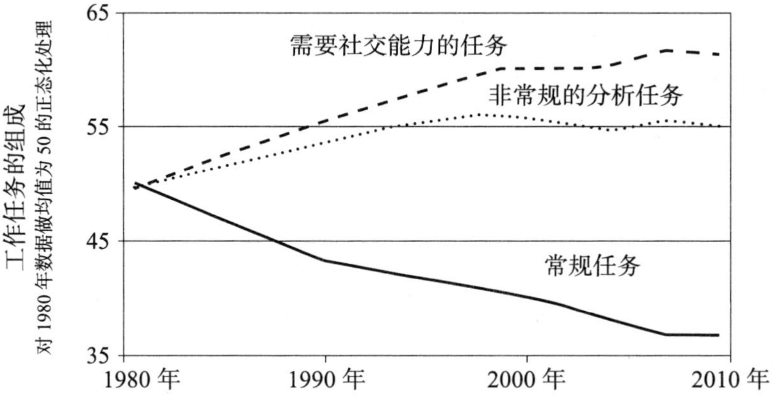

图 1.5　社交能力越来越重要

资料来源：Deming（2017）。

社交能力在科学中的作用

学校不仅仅是把学术经验传授给学生的地方，还能帮助学生发展软技能。
29 通常来讲，软技能有助于个体积极而得体地与他人和睦相处。在面试过程中，软技能很关键，此外它还会带来升迁与合作的新机遇。缺乏软技能的人很可能失业或怀才不遇。关于学生应当掌握哪些软技能，并没有正式的清单，但是以下几点值得参考：

- 与他人的言语沟通和非言语沟通；
- 全情投入的状态和坚忍不拔的意志；
- 灵活性和适应力，尤其是在压力情境和变化的要求下；
- 时间管理和任务监控；
- 领导力，承担责任和激励他人；
- 创造力和问题解决能力；
- 团队协作。

我们难免遗漏了不少重要的软技能，但是相信你已经明白了它的要点。各 30
类标准都没有明确界定这些能力，然而学生们需要培养这些能力、养成这些习惯，这是他们未来取得成功所必需的。学校能为学生提供锻炼和学习这些软技能的机会。

哈勃中学（Harbor Middle School）的教职工非常重视培养学生的软技能。正如校长所言："参观者走进我们学校，总是对学生们的行为留下深刻印象。参观者往往这样评论：这些学生已经为成人生活和职业生涯做好准备。我们致力于把学生们所需要的此类能力搞清楚，并将它们融入课堂。"

如果你去参观哈勃中学的课堂，那么就会发现他们的工作成效明显。在一堂生命科学课上，学生被提醒要管理好时间，因而顺利完成了学习任务。在一堂地球科学课上，学生们在攻克一个涉及堆肥的复杂难题。在询问之下，学生们说，已经连续两天研究这个问题了，就快要大功告成。学生们还采取合作的方式，彼此给予有关集体贡献的反馈。在每一个课堂上，对软技能的重视都显而易见。

发展软技能的工作不仅限于针对青少年。哈丽雅・塔布曼小学（Harriet Tubman Elementary School）的教师们列出了每一个年级的学生需要锻炼的具体软技能。比如说，1 年级教师关注轮流做事、积极倾听和提问时不跑题。3 年级教师关注学生如何管理自己的学习材料、守约、与他人分享观点、接受批评和回应批评。各个年级都是如此，学校由此培养了学生们的很多习惯。

举例来说，在贾森・哈普（Jason Harp）的 5 年级班上，学生们正在做小组任务。教师提醒他们正在培养的是领导能力，包括以下几个方面：

- 向他人征求反馈意见；

- 维护积极向上的工作环境；
- 遵照指导和提出清晰的问题；
- 表现出主动性。

31 如果你去问教室里的学生们，他们都明白这些行为的重要性，而且知道它们为什么重要。这些学生讲话时逻辑清晰，令人印象深刻。在学校里的这些年，塔布曼小学的老师们已为他们培养好了软技能。他们能够与他人进行有意义的互动，专注于身上承担的任务，并维护紧密的人际关系。这些学生到了中学、高中甚至走上职场后，还会受益于这些能力——无论读不读大学，都会受益。

以上实例表明，学校和老师们有意把软技能融入学习环境。在他们的课堂上，软技能被有目的地嵌入科学学习。这些软技能之所以重要，是因为坐在教室里的未来科学家们需要用这些特定能力去扮演好众多角色：大学教授、实验室主任、科学作家、野外生物学家、科学顾问、生物医学工程师等等。如今，科学家的工作离不开团队协作。对于大多数科学家来讲，单枪匹马、与世隔绝地在实验室奋斗一生的工作方式，已经不再现实了。软技能重要的另一个原因，是这些能力也有助于那些不选择从事科学事业的学生与他人开展更有效的协作，即使协作的项目与科学没多少关系。我们把科学学习视为发展和延伸学生社交能力的一个机会。其实，我们还认为，学习的社会性本质正是科学教师应当传授的重点内容。这一观点引出了“教师清晰性”这个主题。

教师清晰性

教师清晰性与学习期望有关，包括学生阐述自身理解的方式。它的效应量是 0.75。每一堂课，无论是聚焦于表层学习、深层学习还是迁移学习，都必须有一个清晰表述的学习目的和相关的成功标准。我们认为，学生应当能够对每一堂课提出如下问题并做出回答：

- 我今天学习的是什么？
- 我为什么要学习这些？
- 我怎么知道自己学会了？

第一个问题要求学生深入理解学习目的。第二个问题诉诸关联性。而第三 32
个问题关注成功标准。忽视其中任何一个问题，学生的学习成效都会打折扣。事实上，我们坚定地相信，这些问题构成了“学习者的权利法案”的一部分。由于老师（包括整个社会）对学生的评价是基于他们的学业表现，因此只有让学生了解他们被期望学会什么东西、为什么要学这些东西，以及如何判定他们是否学会，这样才够公平。教师们在成绩报告卡上打的分、写的评语会伴随学生一辈子。这些文件会扭转家长对孩子的认识，会决定学生未来在学校里的地位，还会影响学生能否迈入大学的门槛。教师清晰性能够对此发挥作用。明确地表述学习目的的效应量是 0.50，给出成功标准的效应量是 1.13，所以这是正确而有效的做法。

我们的意思并不是说阐明学习目的和成功标准是轻而易举的事。史密斯（Smith，2007）指出：“把学习目的和成功标准付诸笔端并非易事，……因为它迫使我们去‘真真正正地思考’我们想要让学生学会什么，而不是人云亦云。”（p. 14）我们要说的是，这事值得下功夫。

学习目的不仅仅指一套课程标准。许多教师受到误导，被迫把课程标准贴在墙上。学习目的以课程标准为基础，但是经过了“学习视角”的反刍。大多数情况下，课程标准让学生难以理解，而学习目的，如果有效的话，应该能够被学生理解和接受。把具体的学习目标抄写到黑板上，然后大声宣读，这种简单的做法会大大削弱学习目的的功效。学习目的应当关注整堂课，起到组织学生的学习行为的作用。至少，教师应该通过在开课和结课时分别清晰地沟通学习目标，使学习目的起到支撑整堂课的作用；除了一头一尾，教师还可以在课上的任何一个切换任务的点上提醒学生注意学习目的。学习目的就是通过这种方式带动一堂课的，学生们也将可以更好地理解自己距离期望还有多远。最关键的是，学习目的应当明确地导向成功标准。如果你只能采用这两种手段之一，那么我们建议你还是先重视清晰地阐述成功标准——重申一次，它的效应量高
达 1.13。两种手段都有效，但是明确判断学习是否成功的标准，要比说明学生 33
要完成哪些具体的任务更重要一些。标杆的重要性体现在它的高度上，而不是那根杆子本身。

表 1.2 展示了一些写得很不好的学习目的，还有一些在教师们学习过这一方法的意义之后，经过集体研究改善的版本。请注意，阐述学习目的的字数增加了，也变得更加具体、更有趣味了。改善的版本能吸引学生学习。当然，学习

目的也可以分为不同类别。有些情况下，一项活动可以指向多个不同的学习目
的；还有一些情况下，一个学习目的需要通过多项活动才能实现。不过，假如
一个学习目的覆盖的天数太多，学生就会变得兴趣寡然，其动机也会下降。大
多数情况下，教师们在筹划一个学习单元，并且清晰地阐明掌握学习内容所需
34 要达到的学习目的时，也就制订出了每日目标。与此同时，他们还能够列出成
功标准，借助它们就可以检查学生的理解水平，提供有针对性的反馈。

表 1.2　学习目的的一些实例

年级	不好的例子	改善后的版本
幼儿园	比较“推”和“拉”	今天，我们要研究一些很重的东西，我们要学习推它们和拉它们有什么不同。当我用力推或者用力拉的时候，会发生什么？
5 年级	完成一份关于植物生长的手抄报	今天，我们要学习植物如何获取它们生长所需要的能量。高耸入云的红杉树是怎么长到那么大的呢？
7 年级	判断有没有发生化学反应	我们将会明白，化学反应会产生新物质，产物会具有和反应物不一样的性质。我们将学习如何知道有没有发生化学反应。
11 年级	比较不同类型的电磁辐射	我们将能够理解，不同类型的电磁辐射有截然不同的特点，这会影响其与其他物质或能量相互作用的方式。

成功标准要发挥作用，就必须与学习目的有直接联系。成功标准以学习目的为依据，描述了学生应如何展示他们的学习。这并不是说成功标准仅仅作为终结性的活动——但也可以这样使用。假设根据“我理解物质的形态与能量和分子运动有关系”这条中等难度的学习目的，学生们可以用以下方式展示他们已成功学会：

- 我能用分子运动来描述物质的三种形态。
- 我能解释温度、压力和物质形态变化之间的关系。
- 我能建立一组模型，来展示物质的三种形态对应的分子运动。
- 我能使用压力数据和温度数据来推测物质的形态。

这一学习目的和分层次的成功标准对于课堂上多样化的学习经验很有用。每一条陈述对应至少一种学习任务。师生因此可以从多样化的任务中随意选择，来实现学习期望。清晰性特别重要！

如何在课堂上阐述学习目的和成功标准，其重要性倒在其次，最关键的是课堂上的每个人都要能够解释学生正在学习的是什么，学生如何知道是否学会了（不言而喻，教师也要知道学生是否学会了）。图 1.6 展示了学习目的和成功标准的一些实例。

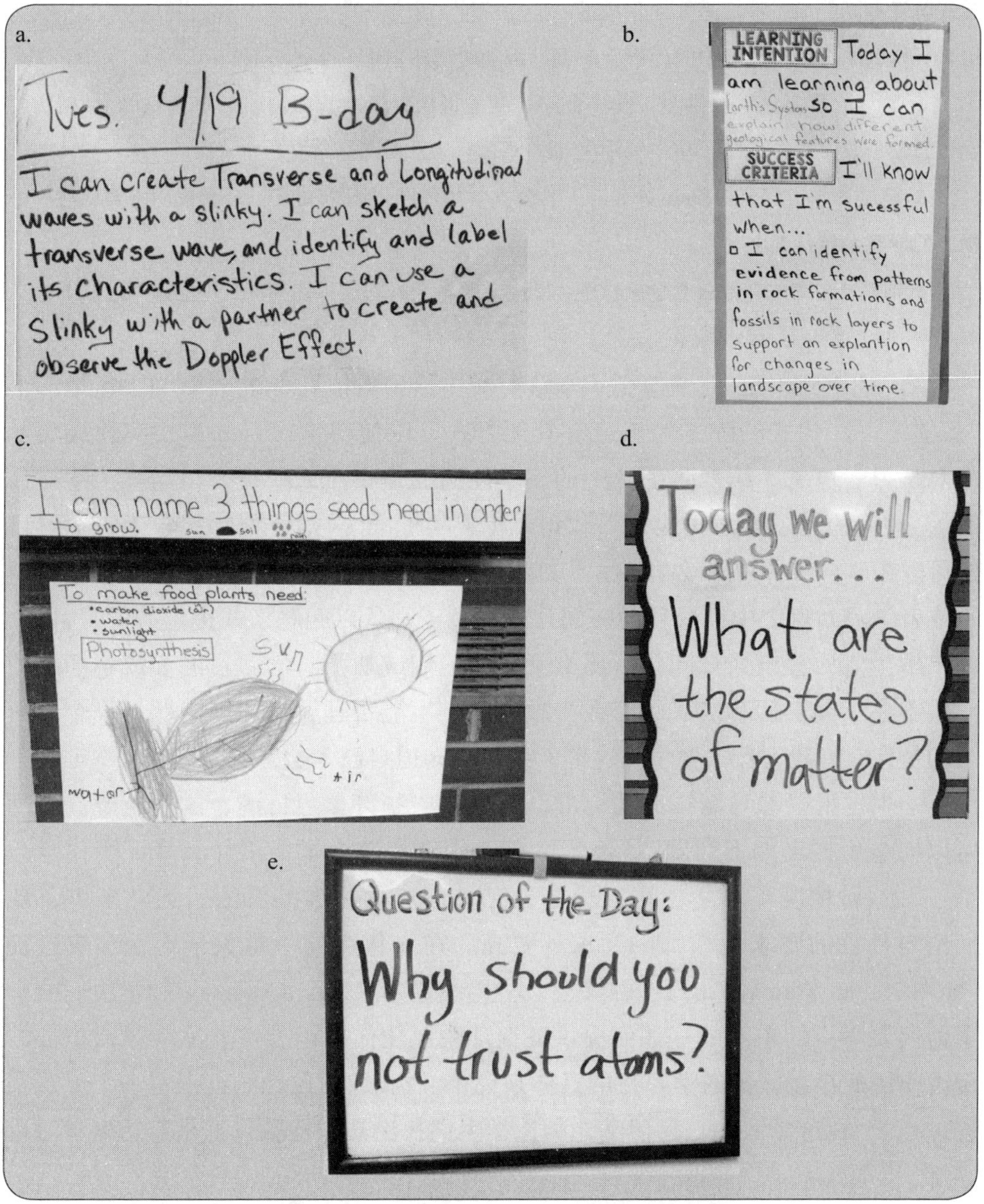

图 1.6　学习目的和成功标准的一些实例

译注：

a. 奥兰治县公立学校供图。图中文字：**我能**用弹力绳表示横波和纵波。**我能**画出横波，识别和标注它的特性。**我能**和伙伴一起，用弹力绳演示和观察多普勒效应。

b. 巴伦（Barren）县学校供图。图中文字：学习目的：**今天我**学的是“地球系统”，**因而我能**解释不同的地质特征是如何形成的。成功标准：当……时，我就会知道我成功了。/ 我能用岩石构造的类型和岩层中的化石来解释地貌随时间流逝而发生的变化。

c. 奥兰治县公立学校供图。图中文字：我能说出种子生长所需要的三种东西。/ 植物要吃饭，就需要：二氧化碳（在空气中）、水、阳光。/ 示意图。

d. 斯波齐尔韦尼亚（Spotsylvania）县公立学校供图。图中文字：今天我们将要回答……物质的形态是指什么？

e. 斯波齐尔韦尼亚县公立学校供图。图中文字：今日问题：你为什么不应该相信原子？

第一张图片中的例子遵循了本章前文中给出的成功标准的格式，它是一个“我能……”句式的陈述句。也有其他方式可以使得学习目的和相应的成功标准对学习者可见。第二张图片中的例子使用的是“今天我……”句式（学习目的），对应的是“因而我能……”句式（成功标准）。对于低年级学生，学习目
37 的可以在晨会或者圆圈教学时间[①]口头传达，成功标准则可以展示在个人学习中心或者学习站点之中。最后两张图片中的例子则是以问题形式提出的学习目的。如果学生能回答出当日问题，那么就说明他们成功了。学习目的和成功标准的作用不在于其表达和措辞，而在于教师和学生能否理解这三个问题：我今天学习的是什么？我为什么要学习这些？我怎么知道自己学会了？

学生也可以参与制订成功标准，甚至参与制订学习目的，这很重要。教师可以向学生提出如下问题：“你怎么知道你已经学会了？用什么来证明你学会了？”这种情况下，学生可以分享自己关于成功标准的看法，通常来讲，他们给自己提的要求比教师的要求还要高。在 4 年级的一堂关于地貌形成过程（NGSS Lead States，2013）的课上，科伊纳老师（Mrs. Coyner）和学生们分享了他们要学习的东西——如何提供证据证明风化作用以及水、冰、风或植被的侵蚀作用的存在。她的学习目的具体来说是：“我理解侵蚀的证据是一个可观察
38 的过程。”在这堂课上，科伊纳老师让学生们找出几种检验自己是否达到学习目

① 原文为“circle time”，指小学低年级和幼儿园里，教师和学生围坐一圈的教学时间。——译者注

的的方法。很快，一些学生就提出了建议，他们可以往互动科学笔记里面添加照片，照片可以来自互联网，也可以到校园里拍摄。还有一些学生补充说，他们应该给每张照片写一段解说词，说明它为什么展示了侵蚀的证据。一名学生建议检视影响侵蚀的不同因素，然后讨论一些可能的例子，他尤其感觉自己记不住关于植被侵蚀的知识。另一名学生则补充说，学生们应该结成几个小组，一起讨论照片，“与其他人的观点碰撞”。他还提到，学生小组内部应该有分工，以免“像上周一样”浪费时间。这些回答都挺不错，它们都运用了学习目的，通过共同制订成功标准，来优化学生的合作学习。在这个案例中，学生制订了成功标准，确立了衡量学生学习掌握水平的指示标，为同伴之间的反馈和教师对学生的反馈做好了铺垫。

更进一步来说，学生们理解了成功标准，就能够更多地参与学习评价，包括判断是否成功、离成功还有多远。学生们可以使用一种分四个板块的简单工具（见图 1.7），把反映自己学习情况的便利贴粘在对应的板块里。这样做可以提醒教师和同学们，自己需要怎样的帮助，从而可以调动同伴辅导（效应量为 0.53）、合作学习而非相互竞争（效应量为 0.55）的积极性，并且同时形成以学生为中心的教学方式（效应量也是 0.54）。

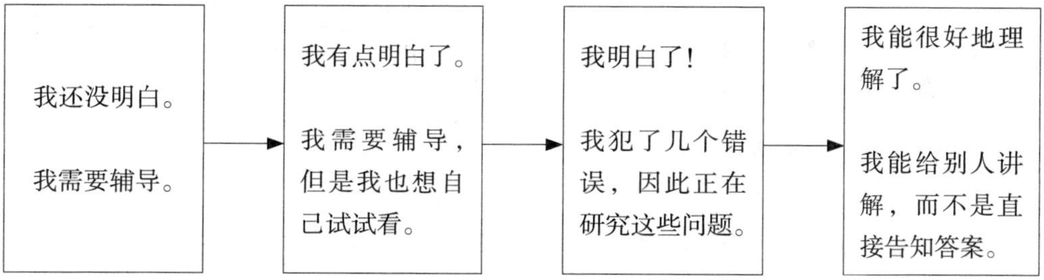

图 1.7　自我学习评估示例

清晰阐明成功标准让犯错更加明显。我们应该期待学生犯错、庆祝学生犯错，因为那正是学习的好机会。如果学生一点错都不犯，那么他们大概已提前达到了学习目的。还应指出的是，在学生犯错的时候，反馈的作用能得到最充分发挥。错误应该成为学习的指示标——假如犯错不够多，那说明我们还不够努力；假如我们犯错太多，则说明我们需要更多帮助去重新调整起点。然而遗憾的是，在大多数课堂上，提前学会课程内容的学生备受青睐，而犯了错误的学生羞愧难堪。在这种情境当中，提前知道课程内容的学生没有发生学习，因为他们已经学过了；犯错的学生也没发生学习，因为他们隐藏自己的错误，回避其他人的反馈。课堂必须成为允许犯错的安全场所。与清晰的学习目的和成
39 功标准相配套的视错误为学习机会的课堂文化，会消除这一情形。

我们来举个例子。在一堂研究气候变化的初中科学课上，学生们拿着写字板穿行于整个校园，去测量各处的气温。他们做了透彻的分析，绘制出精美的统计图表。但是当我们询问这项活动做了多久的时候，学生们说已经做了三个星期（他们感觉很好玩）。浪费了两周多的时间啊！换句话说，这门课的教师没有从学生那里接收到反馈——学生们已经准备好迎接更具挑战性的新任务了。臻于完美并不是一堂课的必要目标，犯错才是一堂好课的更优指标，错误可以为师生指出下一步。

当我们庆祝犯错、欢迎犯错的时候，反馈能发挥主导作用。对学生的学习来说，反馈（效应量为 0.70）具有很有效的影响力，位列对学业成就影响最大的前十个因素之一。但是，只有当反馈被接受的时候，它才能发挥作用。给出反馈不等于接受反馈。反馈的目的是填补学生当前理解水平或学业表现与教师所期待的学业表现之间的差距，我们把后者称为“成功标准”。为了使反馈发挥作用，教师必须理解：

- 当前的学生表现水平；
- 期望的学生表现水平；
- 教师能采取哪些行动来填补差距。

41 正如布鲁克哈特（Brookhart，2008）所说，反馈要成为“在正向作用最大化的时间和地点，传递出的及时而个性化的信息”（p.1）。随着时机、信息量、反馈形式和反馈对象的不同，应采取不同方式来传递反馈信息（见表 1.3）。我们将会在关于深层学习的那一章更加深入地探讨反馈。在本章中，我们希望你能重视反馈影响学生学习的意义。

表 1.3　反馈策略

影响反馈策略的几个方面	反馈方式	关于好反馈的建议
时机	• 何时给出反馈 • 反馈的频率	• 对事实性知识给出即时反馈（对或错）。 • 对综合性更强的、需要学生思考和加工的内容，稍微延迟反馈。 • 不要延迟到学生误入歧途时才反馈。 • 对所有主要的作业来说，每次练习后都要有反馈。
信息量	• 对几个要点进行反馈 • 对每个要点反馈多少信息	• 优先性——选择最重要的点进行反馈。 • 选择与主要学习目标有关的要点进行反馈。 • 根据每个学生的发展水平给出反馈。
反馈形式	• 口头反馈 • 书面文字反馈 • 视觉反馈 / 演示反馈	• 为反馈选择最好的形式。从学生的课桌旁经过时评论一句就足够了？需不需要开个大会？ • 如果条件允许，互动式反馈（与学生谈话）是最好的。 • 对书面作业做出书面反馈，或者写在作业本封面上。 • 如果学生有“如何做某事”这类问题，或者需要举个例子，那就使用演示反馈。
反馈对象	• 个人 • 小组 / 班级	• 个人反馈让学生觉得“老师重视我的学习”。 • 如果大多数学生都没掌握同一个概念，小组 / 班级反馈更有效，这代表着需要重新教学。

小　结

认知科学（cognitive science）领域的发展为 20 世纪教育理论的进步做出了影响最为深远的贡献。在认知研究出现以前，行为主义是主导性的学习理论，它关注的是外部刺激作为学习机制的作用。1956 年，《思维研究》（*A Study of Thinking*）（1986 年修订；Bruner，Goodnow，& Austin，1986）的出版，指引了人们对于学习者心灵内部发生了什么，以及如何组织信息和使用信息的探索之路。其后的 60 年里，科学家、心理学家和教育家们发现，记忆、情绪、认知图式和经验是学习的必要组成部分。事实上，认知科学的影响实在太深刻，以至于现今已经很难理清 20 世纪上半叶的人们是如何看待学习过程的。本书就是一例，书中到处充满“脚手架”（scaffolding）、元认知、提供背景知识、学习迁移等学习方法，反映了我们这个专业正是以认知科学为根基的。

如今，我们对学生学习了解甚多。根据我们粗略的整理，有数以百万计的研究能够指导教师对学生的教学。可见的学习关注哪些教学方法最有效，从而提供了一种理解和整合相关研究的思路。本书在探讨科学中的可见的学习的过程中，会加入新的视角，除了关注什么方法最有效，还关注在何时运用这些方法最有效。正如前文中提到的，一些教学策略对表层学习更有效，而另一些教学策略对深层学习或者迁移学习更有效。换句话来说，表层学习策略对于深层学习不敷应用，深层学习策略对于表层学习也同样不能奏效。我们的关注点其实放在教学方法的效应和使用时机上。为了保证学生的知识和技能得到充分发展，科学教师必须同时培养学生的软技能，并且确保学生了解自己要学习的是
42 什么、为什么学、如何知道自己学会了。面向科学素养的可见的学习，是要让教学与学习阶段一致，关注软技能，增强教师清晰性，辨别教学方法对学习的影响力（如果学习没有发生，及时做出调整）。这些做法形成合力，可以发挥巨大作用，因为下一代科学家将能够解答我们今天提出的难题，越来越多的人也会对身边的世界了解得更加透彻，世界将因此而改变。

反思问题

1. 你将如何向同事阐明学习的三个阶段？在你的科学课堂上，每个阶段的学习分别发挥什么作用？三个学习阶段的划分，让你对自己的教学做了哪些反思？

2. 在科学教学和科学学习中，什么最有效？你是怎么知晓的？

3. 想一想你让学生参与的任务的类型。这些任务的目标是提高熟练度、锻炼毅力还是发展策略思维？你的大多数任务属于哪个象限？如果你要对一项专门提高熟练度的任务做出调整，让它融入更多策略思维，你会怎么做？

4. 如果问你的学生们："你在学什么？为什么学习它？你怎么知道自己学会了？"他们将如何回答？在你的科学课堂上，你如何确保教师清晰性有所提升？学习目的和成功标准在你的课堂上发挥着什么作用？

第 2 章　让科学的表层学习清晰可见 43

表层学习是学习过程当中一个必要而关键的环节。学习者要高效从事深层 44
学习，把所学迁移应用于不同的新情境的话，必须牢固掌握对具体的科学内容知识，以及与特定主题相关的科学过程技能的入门学习。举例来说，学习者只有理解生物栖息地的相关概念，并具备与该栖息地相关的科学过程技能（例如，观察、预测、推理、分析），才能开展深层学习或者迁移学习。对入门学习的掌握和巩固，应当与学习探究和教师主动教学（例如，直接教学）相结合，教师应当清晰地介绍内容知识架构（即术语、分类、演进过程和探究程序）。以下以安吉拉·克罗斯（Angela Cross）的课堂为例进行详细说明。

安吉拉·克罗斯正在准备一个单元教学，内容是有机体及生态系统中的物质和能量。她的学生在 7 年级以前只学习过动物和环境之间有相互依存关系这么一点点入门知识。3 年级时，学生们学过动物如何适应环境变化（例如，土壤特征、水源分布和气温变化）。先前学习中的“大概念”（the big idea）是有些动物能良好地生存，有些动物生存状况不太好，有些动物则完全无法继续生存（NGSS Lead States，2013）。关于一个生态系统中有机体可以获取的资源、有机体的种群数量，克罗斯老师班上的学生们最先掌握的正式经验就是上述这些知识。按照克罗斯老师的单元教学方案，她希望学生们按照从表层到深层，再从深层到迁移的过程来循序渐进地学习。在本单元中，为了理解生态系统中物质流动和能量流动的原理，学生们要分析和阐释关于资源可获得性的数据，分别模拟生态系统中生物部分和非生物部分的物质流动和能量流动，然后组织语言来论证生态系统组成成分的变化如何影响有机体的种群数量。

克罗斯老师的学生们将会学习背景知识和相关词汇，从而了解物质、能量、有机体和生态系统之间的关联。教科书以及相关资料是这一学习过程顺利进行的基础，而克罗斯老师必须非常清楚学生们正在学什么、最好的学习方式是什么、学生如何知道自己都学会了。她必须确立清晰的学习目的，与学生沟通每天所学的东西。她还必须制订清晰的成功标准，使学生明确知道需要搜集哪些

45 信息才能使自己的学习对师生都可见。克罗斯老师的教学方案要确保到单元结课时，学生们都能理解所学内容，能够应用所学原理，并能够将这些原理应用于以后遇到的学习主题上，学生们会因此感到自信满满。

星期一的清晨，学生们来到克罗斯老师的教室里，看到每个人的课桌上都有一幅猎豹的塑封照片。克罗斯老师向学生介绍今天的学习内容：今天，每名学生都是一头猎豹，课桌就是你的巢穴。作为猎食者，你们得去捕食猎物。教室里遍布着倒扣的小纸杯，每个杯底写着一个字母（见图 2.1）：S 代表松鼠，R 代表兔子，P 代表豪猪，B 代表河狸，D 代表鹿。当然，有些动物的数量比其他动物多一些。比如说，只有两个写着 D 的杯子，而写着 S 的杯子有 80 个之多。

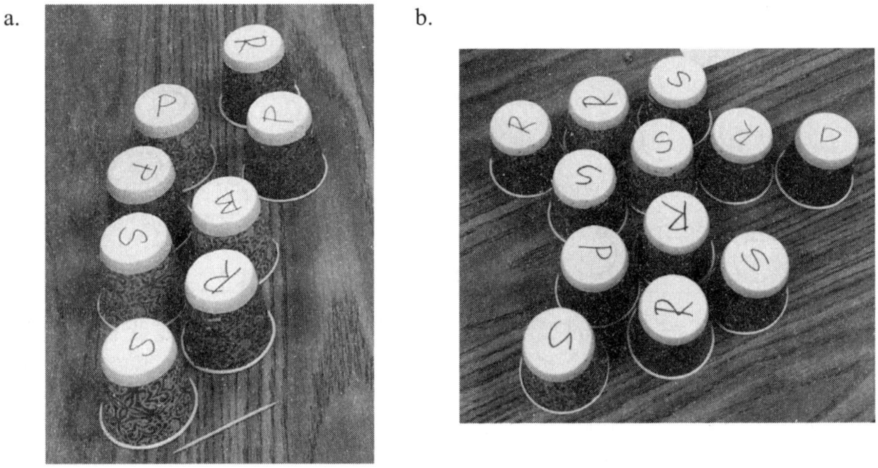

图 2.1　猎豹捕食游戏中的纸杯

克罗斯老师告诉学生们，这是一片猎豹栖息地，每个学生代表一头猎豹。“当我说‘出发’时，你们每个人都要出去找到足够吃一整个月的食物，也就是 50 千克的食物。”随后，她引导学生们注意查看白板上的信息（见图 2.2）。

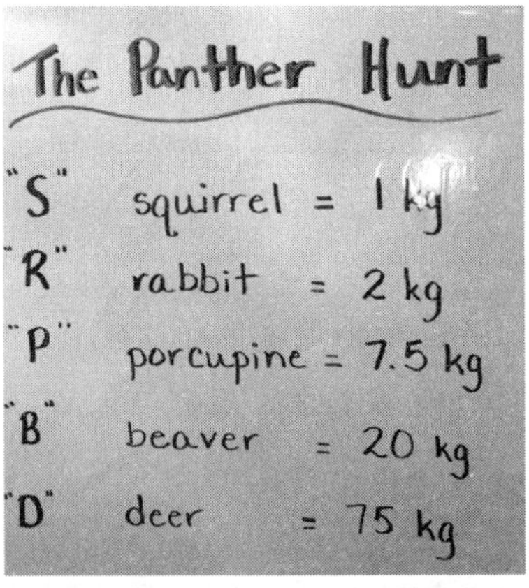

图 2.2　猎豹捕食游戏中的猎物信息

克罗斯老师接着说：“每头猎豹一次只能带一只猎物回巢，而且猎豹不会追逐猎物，他们往往埋伏在猎物附近，瞅准时机一举拿下。”随着老师一声令下，“猎豹”们开始在教室里潜行，一次猎取一只动物，直到所有猎物都被取食殆尽。当所有的杯子，或者说猎物都被拿走之后，克罗斯老师要求学生们算一下自己搜集到的食物一共有多重。如图 2.3 所示，这名学生，或者说这头猎豹一共捕获了 32.5 千克猎物。

学生们分小组记录下姓名和猎物重量，写在全班统计表上，这样每个同学（每头猎豹）捕获的猎物重量是多少，以及有没有达到生存所需要的 50 千克，全都一目了然（见图 2.4）。

图 2.3　猎豹捕食游戏中，一名学生搜集的猎物

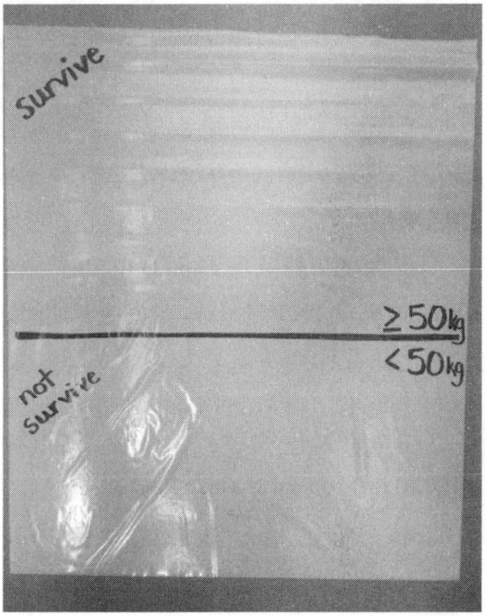

图 2.4　猎豹捕食游戏中的全班统计表[①]

此时，克罗斯老师向学生们揭示了当天的学习目的："今天，我们要学习资源可获得性对于有机体和生态系统中有机体种群数量的影响。"通过解说学习目的，克罗斯老师明确了她希望学生们在上完课后学会或理解的东西。她要 46
求学生们讨论，猎豹捕食游戏如何帮助他们理解了资源可获得性的影响。在学生们讨论的过程中，克罗斯老师倾听他们的对话，鼓励学生对术语词汇图表（vocabulary graphic organizer）进行修订和补充。然后，她和学生们分享了成功标准："当我做到以下两件事时，我就知道自己学会了：（1）我能描述有机体的

① 上半部分是存活"猎豹"的名单，下半部分是未能存活的"猎豹"名单。——译者注

种群数量如何取决于它们与其他生物的互动关系；（2）我能解释为了获取食物等资源而发生的竞争限制了种群的增长。”

克罗斯老师为了让学生把注意力集中在学习目的上，设置了如下的讨论问题，并让学生花一段时间与周围同学相互探讨。

47 1. 如果我们的栖息地中出现更多的猎豹，那么这片栖息地够不够它们生存？提出证据来支持你的答案。为了让这片栖息地上所有的猎豹生存下来，一共需要多少千克的猎物？

2. 如果所有兔子都病死了，那么猎豹种群会怎么样？如果所有猎豹都被抓走或者迁离这片栖息地，那么被猎食的动物们会怎么样？

48 3. 如果水源被污染，那么这片栖息地会发生什么？哪些动物受到水源污染的影响最大？

4. 你在“打猎”时还观察到了什么？存活的“猎豹们”（捕获猎物重量大于等于 50 千克即存活）处在栖息地的哪些具体位置？你所在的位置和寻找食物的能力之间有什么关系？

49 在全班讨论的过程中，克罗斯老师在学生们回答每个问题的同时，引导他们掌握与教学内容有关的关键术语。她要求学生们归纳总结“栖息地”“猎食者”和“猎物”的含义，先和邻桌同学讨论，然后把术语定义写下来，补充到各自的互动笔记中的术语词汇图表当中（见表 2.1）。

表 2.1　术语词汇图表

术语	用我自己的话解释其含义	举例或绘图
猎食者		
猎物		
栖息地		
资源可获得性		
生态系统中的 物质流动和能量流动		

50 在学生讨论的过程中，克罗斯老师引出“资源可获得性”及“生态系统中的物质流动和能量流动”这两个概念。学生们也把这些新术语和新概念添加到自己的术语词汇图表当中，并且把这些术语和概念与猎豹捕食游戏中的具体例

子结合起来。

在这堂课临近尾声时，克罗斯老师给每个学生发放了一张“出场券”。

出场券

姓名：________________　日期：________________

1. 赤狐大多栖息在森林里，会在距离水源地约 90 米的区域里筑巢。它们在深夜、黄昏或者凌晨外出捕猎，捕猎活动长达数小时，猎物包括兔子、松鼠、鼠和鸟类。但是，它们最喜欢的食物是鼠。运用以上信息，回答下面的问题：
   a. 鸟类数量的增加会如何影响赤狐的数量？
   b. 描述两种导致赤狐之间资源竞争加剧的场景。
   c. 解释为什么这些场景会加剧赤狐之间的资源竞争。

这堂课是克罗斯老师有的放矢、精心筹划的结果，她关注到学生们学习的 51
本质。这堂课是关于促进表层学习，实现对资源可获得性以及生态系统中的物质流动和能量流动等概念的基本理解的一个范例。随着学生在本单元学习的步步深入，他们会转而关注分析与阐释资源可获得性方面的数据，模拟生态系统中能量在生物和非生物中的流动，以及组织语言来表述生态环境组成成分的变化如何影响种群数量（NGSS Lead States，2013）。克罗斯老师决定为学生们设计猎豹捕食游戏，原因在于该单元中有些教学内容、有些科学过程技能会成为学习新概念的引子，学生在习得新概念之前，必须先理解其原理，并且在适当时机学到搭建概念框架所需要的分类知识和程序知识。克罗斯老师所知的关于学生的信息，来源于赋予学生向老师和同学展示自己先前知识的机会。当学生们对自己掌握的先前知识一清二楚的时候，他们就能够更好地投入新的学习阶
段。对于这片栖息地，以及猎豹捕食游戏中出现的有机体或者动物，学生们已 52
经知道了哪些知识呢？

克罗斯老师通过要求学生回顾和巩固所学知识，并把知识迁移应用于一个与课堂情境相似但不同的情境中（即用赤狐代替猎豹），来总结当天的学习经验。在表层学习阶段，巩固学习的一个策略是复演（rehearsal，效应量为 0.73）。克罗斯老师摒弃依靠钟声或铃声来提示结课的做法，而是通过用出场券来复演

所学的东西，让学生们主动投入学习巩固阶段。这堂课发展了学生们对分析、解释、模拟和表述所需要的语言的概念性理解。换句话说，这些是表层学习，是学生们进行深层理解所必需的工具，也是他们将自己的思想运用到有关有机体和生态系统的新情境中所必需的工具。当教师应用具体的、高影响力的方法，促进学生对概念的基本理解的时候，表层学习的效果最好。

科学中的表层学习

在导言和第 1 章里，我们探讨了科学知识和技术创新在过去 15 年中的爆炸式增长。随着科学世界日益复杂化，使学生理解科学过程、跨学科概念和学科核心思想的基本原理能为他们奠定坚实的基础，对于支持学生们提高思辨水平和在新情境、新问题中应用科学知识的能力，是至关重要的。与此同时，这一基础还应为学习者提供概念性理解，以促进其科学素养的提升。科学素养是公民参与重要科学议题所必需的素养。为了使表层学习顺利过渡到深层学习，再顺利过渡到迁移学习，使用各种教学方法和教学策略的时机十分关键。时机就是一切！在错误的时间使用错误的方法策略，就会功败垂成，妨碍学生对关键概念、关键策略和关键过程技能的掌握。

专业教师的标志之一，是明白应该在什么时候、通过什么方法来帮助学生从（充分的）表层学习进入深层学习。以下分别讨论聚焦于内容学习的两类教学方法：*表层学习教学*和*深层学习教学*（见表 2.2）。

表 2.2　表层学习教学和深层学习教学

表层学习教学	深层学习教学
应用实例，效应量为 0.37	学生控制的学习，效应量为 0.02
行为组织者，效应量为 0.42	基于网络的学习，效应量为 0.18
设定目标，效应量为 0.50	基于问题的学习，效应量为 0.26
掌握学习，效应量为 0.57	基于探究的教学，效应量为 0.40
直接教学，效应量为 0.60	引导式教学，效应量为 0.44

53 表层学习教学比深层学习教学的总体效应量更高。然而，基于探究的教学和基于问题的学习这两种教学方法通常被认为是有效的科学教学方法。这是为什么呢？答案在于时机。例如，基于问题的学习任务要求学生注意知识之间的

关系、延伸的思想，以及与其他情境建立联系。要是学生没能理解概念的基本原理，不了解知识之间的关系、延伸和联结，那么他们不可能成功解决问题。缺少了适当的“工具”，学生们不可能建立深层理解。把深层学习教学的方法放在深层学习阶段和迁移学习阶段来使用，将会事半功倍（Hattie & Donoghue, 2016）。在学生充分掌握表层知识以后再引入这些方法，其中大多数方法的效应量会更高——例如，如果在正确时机使用基于问题的学习，其效应量会从 0.15 变成 0.54。正如本章开头提到的，对入门学习的掌握和巩固应当把学习探究和教师主导的、清晰介绍内容架构的直接教学结合起来。

迈克尔·巴顿（Michael Barton）希望他的学生们理解六种能简化劳动的简单机械。当学生们达到如下标准时，师生就能知道他们学会了：（1）学生们能描述在具体情境中如何使用各种简单机械；（2）学生们能解释在什么时候使用哪种简单机械（NGSS Lead States, 2013）。为了让巴顿老师的学生们能够正确描述和解释简单机械的使用方法，他们需要先掌握正确的“工具”，具体来说，就是理解每种简单机械的原理，知道每种机械如何发挥作用的基础知识。巴顿老师有意识、有目的地通过直接教学、应用实例（worked examples）和掌握学习（即表层学习教学）来传授与简单机械有关的目标知识和技能。他调查了学生们的先前知识，公布了当天的成功标准，然后给出了一张贯串整堂课的图表。

接下来，巴顿老师举出每种简单机械的具体实例，让学生先描述眼前所见，预测该种简单机械的使用方法，然后找出一个真实生活中的实例。图表为组织这些信息搭建了框架。在这个有指导的实践过程中，随着学生们陆续获得反馈，巴
顿老师用两个实例提高了学习的难度和复杂度。他要求学生们对比两个实例，说 54
出如何使用这种简单机械，以及在哪些具体情境中可以用这种简单机械节省力气。

为了巩固学习成果，学生们被分为若干个合作学习小组。学生们轮流通过一连串的学习站点，每个站点都布置了学习任务，学生要移动指定物体走出迷宫或者跨越障碍。他们必须判断使用哪种简单机械能最省力地完成任务。同时，巴顿老师在教室里来回走动，观察学生们的做法，评价学生们的表现，并提供反馈。在结课环节，学生们花了一点时间总结该堂课上学习到的目标知识和技能，这是运用开课时提供的图表来完成的。

巴顿老师通过了解先前评估学生时所获取的信息，认识到这是他们对简单机械的入门学习。他把学习探究和清楚介绍简单机械结构及其如何助人省力的教师主导教学结合起来，决定不采用涉及深层学习的教学方法和教学活动，因

为这不符合学生们的学习进程。在学生们仍处在对特定科学主题建立认识的表层水平时，开展促进深层学习的教学实践并不是最有效的做法。

55 让我们回想一下克罗斯老师让学生参与猎豹捕食游戏的决定。她完全可以毫不费力地打印一摞作业，要求学生们填答一连串缺少情境的填空题，或者死记硬背“猎食者”“猎物”“栖息地”和“资源”等术语。这些确实属于练习，但却是毫无意义的练习。对很多人来说，*表层学习*这个短语可能带有消极的内涵。我们很容易认为“表层”意味着“浅显”或“肤浅”，或者认为表层学习意味着死记硬背那些通常在刚开始上课时就教给学生们的步骤和词汇，它们似乎和理解概念毫无关联。然而，当我们提到表层学习时，并不是这个意思。“表层学习”这个短语代表着一个必要的学习阶段，它由对基本概念的探索，以及对为理念搭建框架的词汇和程序性技能的学习构成。克罗斯老师有意让学生们参与活动，赋予术语、概念和观点以情境。这个情境同时也鼓励学生们应用一系列科学过程技能和科学思维来完成任务。为了实现表层学习，任务应当能促进学生对知识的编码，提供复演的实践，并且创造反馈的机会。

当教师运用具体的、高影响力的方法，促进学生初步达成对课程内容的理解，随后用相关的程序性技能来巩固当天的学习时，表层学习能取得最好成效。接下来，我们将首先根据克罗斯老师的例子，带领你选取能够促进表层学习的科学学习任务。这些活动包括：

- 唤醒和整合先前知识；
- 做出科学解释；
- 词汇教学；
- 图示或者视觉化；
- 记忆术。

我们还会按照科学过程的几个步骤来讨论表层学习，它们包括：

- 观察；
- 分类和排序；
- 沟通；
- 56 测量；

- 预测；
- 假设；
- 推断；
- 操纵实验变量；
- 设计、构建和解释模型；
- 解释、分析和评估数据。

要时刻记住，在学习的表层阶段，目标是为学生创造充足的时间和空间去获取和巩固知识，同时留意可以深化其理解的时机。你在本阶段徘徊的时长不应超出必要的限度，但也千万不可冒进，让学生跟不上。我们的口号是“能快则快，应缓则缓”（as fast as we can，as slow as we must）。对可见的科学学习，我们有两句重要的忠告：

1. 教师明确地指出学习目的和成功标准，确保学生们明白自己正在学习什么、为什么学、如何知道自己学会了。这种清晰性应当成为所有教学决策的指导原则，但是正如克罗斯老师说明的，倒也不必在每堂课的开头就揭示这些目标。

2. 教师决不能让任何一种教学策略凌驾于学生的学习之上。可见的学习是一种持续性评估教师对学生影响力的方法。当证据表明学习没有发生的时候，教师就需要改变教学方法（而不是换一拨学生！）。这不是具体的策略，而是教师在学习过程中的立场。

选择促进表层学习的科学任务

对于学生来说，要进行深层次的科学学习，把概念、观点和科学过程技能应用于新情境（即迁移），必须夯实基础，理解科学实践的原理、跨学科的概念和学科核心思想。正如我们在前文中谈到的，在学习过程中有效地步步深入，要求教师根据学习目的和成功标准，在正确时机选取正确的学习任务。任务应当使学生有机会领会科学思想和科学过程的内涵，其途径是允许学生经历或自己创造科学内容的多样化表征，探索和发现科学内容中的规律，与此同时，学习应当是情境化的，只有这样，学习才能具备适切性和真实性（Medina，2014）。 57

观察到的学生学习结果的结构（the structure of observed learning outcome, SOLO）分类法（Biggs & Collis，1982）提供了一种区别什么是表层学习、什么不是表层学习的框架，从而令学习目的、成功标准和任务选择更加清楚。表层学习主要处于单一结构和多元结构的水平。表 2.3 所展示的是进行有机体和生态系统中物质流动和能量流动的表层学习的学习者所处的单一结构和多元结构水平（NGSS Lead States，2013）。

表 2.3　SOLO 分类水平：关于有机体和生态系统中的物质流动和能量流动的表层学习

SOLO 水平	学习目的	成功标准
单一结构水平	我理解食物的可获得性会影响同一个生态系统中的其他有机体。	我能举例说明食物的可获得性如何影响一个生态系统中的猎食者。
多元结构水平	我理解在一个生态系统中，丰富的资源和稀缺的资源都会影响有机体的种群数量和增长率。	我能描述有机体的种群数量如何受其与其他生物的互动关系影响。 我能解释对食物等资源的竞争限制了种群数量的增长。

单一结构水平要求学生的思维只关注单一概念——在这个例子中就是食物，以及食物的可获得性如何影响一个生态系统中的猎食者。这一水平的关注点在于培养学生理解有机体和生态系统之间的关系，这是必要的入门学习。而多元结构水平要求学生在学习当中加入其他变量，或者增加复杂度，理解有机体与生态系统在多个变量上的相互影响关系。这里的关注点不再局限于单一的食物可获得性概念，而是涉及一个生态系统中的多种资源。

通过制订明确清晰的学习目的和成功标准，教师们能够为入门学习选取更加合适的学习任务。这些任务不应限于死记硬背，而是应当适当严峻而有挑战性，促进学生理解基本概念。我们说任务应当严峻，意思是要在难度和复杂度之间寻求平衡。在这个学习阶段里，任务一般是低难度、中低复杂度的，然而这并不妨碍教师调整难度或复杂度，从而为学生提供适度的挑战。

例如，在猎豹捕食游戏中，我们可以通过以下措施降低难度：减少教室生态系统中有机体的数量；把捕猎范围或生态系统缩小到一个小组的课桌范围内；在纸杯上贴图片而不是写符号；给母语不是英语的学生翻译每种动物的名称。对游戏做出这些调整，都会减轻学生的负担，但问题的复杂度和需要的思维水平还是一样的。经过这番调整，缺乏背景知识、有某种残障或者母语不是英语的学生们也将会拥有同样的机会去达到学习目的和成功标准。同理，我们也可以提高任务难度：增加其他有机体，纳入猎豹不会去捕食的动物；或者给猎豹施加更多的限制条件（例如，瘸了一条腿，或者眼睛瞎了）。

为了提高思考的难度或者任务复杂度，可以要求学生们把支持其关于以上互动或限制条件的描述和解释的证据都记录下来。值得注意的是，随着学生逐渐达到特定的复杂度水平，他们已经做好准备，可以进入下一个学习阶段了。我们说表层学习阶段不要长于必要的时间，就是这个意思。但是，我们同时也不可冒进，导致学生跟不上。重复一遍我们的口号："能快则快，应缓则缓。"提高猎豹捕食任务的复杂度会开启表层学习向深层学习的过渡之径，但眼下还不是最佳时机。 59

让科学中的表层学习可见

为了让科学课堂上的表层学习可见，教师们必须在正确的时机运用正确的策略。我们接下来要探索表层学习中的几种高影响力教学策略：

- 唤醒和整合先前知识；
- 做出科学解释；
- 词汇教学；
- 图示或者视觉化；
- 记忆术。

唤醒和整合先前知识

在科学课堂上，先前知识的重要性绝不会被高估。

整合先前知识的效应量为 0.93

*先前知识*可以被描述为顺利投入新学习所必需的知识、技能、理解和关键经验。学生有哪些经验，或者他们对于要学习的内容已经知道多少，根据这些，我们能够很好地预测其吸收新信息的效果（Hattie，2012）。在科学课堂上，这些先前经验会参与信息

和经验的加工与存储之间的交互作用（Bransford，Brown，& Cocking，2000；National Research Council，2007）。

让表层学习可见，教师就可以根据学生的思维水平来监控和调整学习进程。入场券、出场券、头脑风暴、概念地图，这些都是让表层学习可见的方法。学习过程的必要组成既包括师生共同主动参与，也包括教师通过使学生的思维可见的若干具体策略，持续监控学生的学习。这些策略应当鼓励学生去思考概念。

史蒂夫·帕特森（Steven Patterson）正在教 6 年级学生们学习质量守恒。在
60 接下来的几堂课上，学生们将会逐步理解，无论物质发生什么变化，其总质量总是保持不变。质量守恒这个主题很抽象，因此帕特森老师通过一个学习任务来帮助学生调取先前知识。他制订了清晰明确的成功标准：（1）我能判断一个封闭系统中的质量是否守恒；（2）我能举例证明为什么一个封闭系统中的质量守恒（或不守恒）。

在学生们的实验桌上，有两套试剂和器具，还有两张写着不同场景的纸。帕特森老师让学生们打开他们的科学互动笔记，翻到最近一页右侧空白处。他的学生们很快就把写着不同场景的两张纸粘贴到了互动笔记的右侧。接着，帕特森老师让学生们思考这两个不同场景。下文是他对学生们描述的两个场景，其中指出了每个场景对应的实验器具和试剂。

> 场景 1：在你的实验桌上有一个盛装了 250 ml 水的烧杯，还有另外一个盛装了 25 g 食盐的烧杯。在做其他事情之前，我要先测量这杯水的质量。如果我把食盐投入这杯水中，然后用搅拌棒搅拌，那么再次测量出的质量会升高、降低还是保持不变呢？
>
> 场景 2：实验桌上的第二套材料，包括一个盛装了 250 ml 水的烧杯和 4 个弱碱性泡腾片。在做其他事情之前，我要先分别测量这杯水和泡腾片的质量。如果我把泡腾片投入这杯水中，然后用搅拌棒搅拌，那么再次测量出的质量会升高、降低还是保持不变呢？

帕特森老师让学生们先在互动笔记的左侧做出预测，然后解释他们是如何思考的。在学生们获得机会做出预测并解释思考过程之后，帕特森老师又让他们花一点时间和同桌讨论各自的想法。在这个过程当中，帕特森老师在教室里来回巡行，查看学生们的预测和解释，倾听他们的讨论。在让学生们检验自己

对每个场景的预测是否正确之前，他首先邀请学生们提问，然后把问题记录在海报纸上，留待稍后讨论。

帕特森老师运用多种教学策略（例如，明确学习目的和成功标准、课堂讨论、自我提问、元认知、合作学习、小组学习、写作和唤醒先前知识）搜集信息，这些信息成为使思考和学习可见的工具，它们让老师和学生都获得了反馈，明确了下一个学习阶段该向哪里走。当学习对师生都可见的时候，教室中的每个人都会明白他们带着什么来参加学习，以及为了完成学习过程的各个步骤，还需要学习哪些入门概念和技能。我们可以从以下方法中选择：（1）针对之前没学过但又是深层学习所必需的知识，获取背景知识或者表层知识；（2）唤醒先前知识或者表层知识，把先前经验引入意识领域；（3）把以上两种方法结合起来使用。

自我提问的效应量为 0.64

61

元认知策略的效应量为 0.69

做出科学解释

如果说表层学习是对新思想的入门——首先是发展概念性的理解，然后引入分类和程序以搭建概念的框架（Hattie，Fisher，& Frey，2017），那么学习者必须获得许多领会概念含义的机会，只有这样，那些分类和程序才真正有助于搭建框架，而不是成为死记硬背的术语。正如我们在前文中提到的，领会含义的途径包括亲身体验和建立内容的多重表征、探究和发现内容中的规律，同时营造使学习具有适切性和真实性的情境（Medina，2014）。在学生们做出科学解释的时候，或者在他们讨论科学思想的时候，他们是在积极主动地交流彼此对科学概念的表征，使自己的思维对别人可见。如此一来，他们才能找到规律，而且通过分享对科学现象的个人观点，与科学思想建立情感联系（Cazden，2001；Duschl & Osborne，2002）。学生们建构科学解释、参与科学思想讨论的机会越多，对科学概念的学习效果就越好（Newton，Driver，& Osborne，1999；Zembal-Saul，McNeill，& Hershberger，2012）。

课堂讨论的效应量为 0.82

赞姆博尔-索尔及其同事（Zembal-Saul et al., 2012）提出了“观点—证据—推理—反证”（Claim-Evidence-Reason-Rebuttal,

CERR）框架，作为科学课堂上的解释提纲。根据这个提纲，学生们首先要提出一个观点，或者回答一个科学问题，例如“什么是昆虫？”（见图 2.5）。

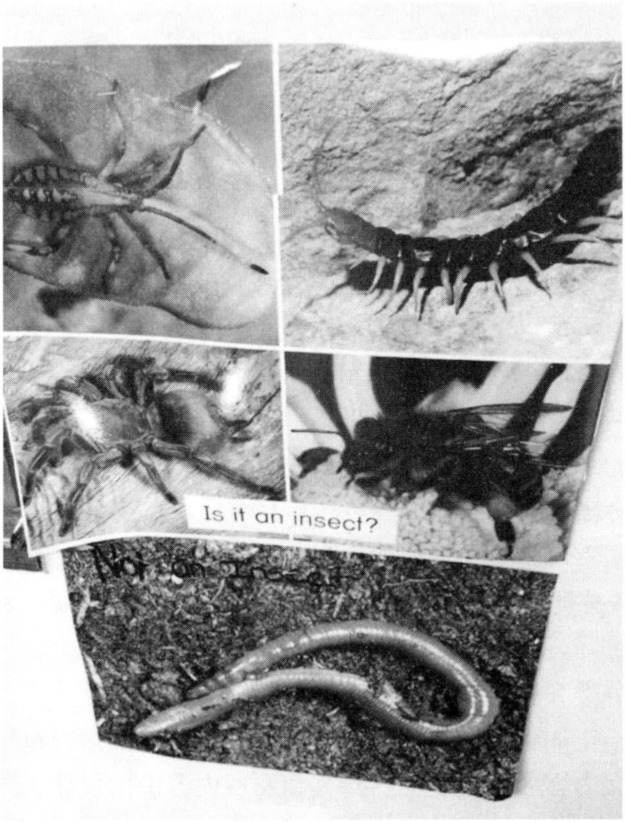

图 2.5　科学问题示例：什么是昆虫？

62 低年级的学生们必须回答这个问题，或者陈述解决这个问题的思路。在本例中，学生会说蚯蚓不是昆虫。教师为了引导学生做出科学解释，应促使他们提出证据证明他们的观点。这要求学生们把他们关于昆虫的理论认识经过认知
63 建构，形成口头表达，说给其他同学们听。学生们还必须做出推理，表明为什么自己的证据确凿无疑。最后，老师会邀请同班同学们描述或指出一个反证，或者提出不同视角的观点，同样参与到 CERR 中来。这一过程促进了学生们对科学思想的概念性理解。具体来说，是通过以下途径实现的。

- 要求学生们描述概念，而不是复述定义。

- 让学生们找到相关证据，用证据证明观点，包括通过明确地提问“你为什么这么说？”而让学生证明自己的观点。
- 给学生提供多样化的机会，在科学思想之间建立联结。
- 给学生探索数据的机会，让他们自己动脑提炼出基础知识。
- 通过不同的视角、不同的观点，让学生多次接触科学思想（Ritchhart，Church，& Morrison，2011）。

把科学解释嵌入科学课堂、把科学素养融入科学学习有多种策略。接下来，我们以配对提问、拼图游戏（合作拼图）为例继续探索。

配对提问

在配对提问（Manzo，1969）中，学生们结成两人小组，每个学生都会得到一篇与自己的年级水平相匹配的文章节选，例如，一篇关于简单机械、功和力的文章，既符合该年级的课程内容标准，又具备足够的复杂度以至于需要展开合作对话。每对学生都要先阅读文章标题和文中的小标题（选用的都是非虚构文本中的一章或一节，大多数情况下节选一节内容）。然后，学生们把书合上，轮流向对方提问，问题是自己读了标题或小标题之后，想要去问的任何相关内容。回答的学生要用证据和推理来支持自己的观点。这些提问应当聚焦于预测将要学习的内容，以及这些内容与学习目的和成功标准之间的联系，又或者，这篇文章解决不了当天要学习的哪些内容。下面是一些提问示例：

科学中的阅读教学的效应量为 0.98

64

- “你觉得这篇文章会如何帮助你学习今天的内容？”
- “你能说出今天这篇文章当中可能要讨论的几个科学思想吗？”
- “哪些学习目的和成功标准是可以通过阅读这篇文章来实现的？”

讨论完这些初步的预测问题后，学生们各自默读文章。读完后，一名学生向同伴提一个从文章中来的问题，另一名学生则用观点来回应提问，并且用证据来证明自己的观点，然后引用文章中的具体段落、句子或短语，分享自己的推理过程。回应结束后，这名学生反过来提一个问题，要求前一名学生回应提问并证明观点。以此类推，直到教师准备推进到下一阶段。

小组的其中一名学生，稍后必须陈述他（她）认为这篇节选文章的重要思想是什么，以及他（她）认为不重要的思想是什么。教师应鼓励这名学生联系当天的学习目的和成功标准来发言，其同伴则需表示同意或不同意，并给出自己的理由。在结课活动中，每名学生都应当在互动笔记上写下一段话，这段话可以是对节选文章的摘要。小组成员相互朗读自己写下的话，然后准备一篇总结大纲。两人要一致认为这篇总结大纲精确概括了文章内容，而且能说明这篇总结大纲式的阅读材料是如何实现学习目的和成功标准的。

为了支持低年级学生或阅读水平参差不齐的学生完成上述学习过程，教师可以提供提前准备好的问题，或者给每组学生发一张问题清单。此外，可以通过用不同形式提供内容来使这项活动变得更加丰富多彩——例如，把文章翻译成西班牙语或其他语言，用音频或视频来呈现学习材料，或者用图示来辅助阅读过程。这样就能够让全体学生都参与到科学解释活动中来。

拼图游戏（合作拼图）

拼图是可以广泛应用于以下教学环节的方法。

- 强化学生对新内容的入门学习经验。
- 引入一个新概念。
- 激励相对消极的学生投入学习过程。
- 帮助学生们掌握那些凭他们自己难以掌握的表层学习。
- 协助教师对具有不同先前知识水平的学生开展教学。
- 让学生更熟练掌握深层学习所需要的概念。

65

拼图的效应量为 1.20

在拼图游戏中，教师要先把学习内容分为四个部分。例如，一名高中地球科学教师关注恒星生产各种元素的方式，其中内容可分为如下四个部分：核聚变、恒星质量、恒星的生命周期和各种不同的元素。拼图的第一步，教师给四人学习小组中的每个成员布置一部分的内容。第二步，每个成员花一点时间独立研究自己的那部分，可以和班级里拿到同一部分拼图的其他同学共同完成。例如，一个班共有 24 人，其中会有 6 个学生拿到与恒星质量有关的拼图。这个"专家小组"会设计一个教学策略，帮助自己原来小组的成员学习这部分内容。"专家"们经过一段时间的讨论，回到各自的小组。第三步，他们把自己的那部分内容教给其他同学。第四步，学生们回到"专家小组"中，和同学研讨自己的这部分如何与其他各部分相联系。例如，专门研究核聚变的"专家小组"会联系他们在原小组中学习的其他各部分内容，研讨核聚变这个主题。

微型教学的效应量为 0.88

学生主导的教学，其顺序可以由学生们决定，也可以由教师来指定。教师为了判断学生们是否发展了进入深层学习所必需的概念理解，应当做出形成性评价，为学生下一步的学习提供反馈意见。

拼图策略也可以做出调整，变成同伴合作。调整的方法是把内容只分为两个主题部分：例如，化学变化和物理变化。教师给学生们布置其中一个主题，给学生一些时间独自研究学习材料。然后，学生们可以和同主题的同学相互商讨，设计出化学变化或物理变化的教学策略。过一段时间后，这些"主题专家"会回到原小组，把这些内容教给同伴们。

和配对提问一样，教师可以为低年级学生和不同阅读水平的学生提供支持，支持方式包括预先确定几种不同的教学方法。此外，也可以通过用不同形式提供内容来使这项活动变得更加丰富多彩——例如，把学习材料翻译成西班牙语或其他语言、用音频或视频来呈现学习材料，或者用图示来辅助"专家教学"的过程。 66

有很多种策略能让全体学生都参与到科学解释活动中来。以上我们只重点探索了其中的三种。在选用任何一种增加科学解释的策略时，教师都应该让学生加入支持其对科学概念的入门学习的相关活动中。配对提问、拼图游戏（合作拼图）都能够让学生们建构科学解释，参与关于科学思想的研讨，积极主动地交流彼此对科学概念的表征，使各自的思维对别人可见，因而他们才能找到规律，而且通过分享对科学现象的个人观点，与科学思想建立情感联系（Cazden，2001；Duschl & Osborne，2002）。

词汇教学

词汇教学的效应量为 0.67

教师们认为，在科学学科当中，学生们学会并习惯使用科学术语或课堂学习所需要的科学词汇，是重要而必需的。举例来说，区分好速率（speed）和速度（velocity）[①]，对于理解二维运动和三维运动的概念是至关重要的；而在生物学和化学中，学生们必须熟练使用有关化学反应的语言，如阳离子、阴离子和价电子等等。这些术语是学生表层学习不可或缺的根基。过去让学生背术语定义的方法，是先让他们往笔记本上抄写定义，然后学习术语，这并不是好的教学方案。假如学生们缺乏在文本中领会术语内涵的经历，那么他们可能除了抄抄写写就什么都不会，我们也把这种学习方式叫作“作业—定义—测验”式单词学习。

先前知识往往体现为词汇知识。如果学生们具备相关单词知识，那么他们就很可能具备相关的概念知识和背景知识。因此，学生的科学学术词汇知识与他们背景知识的广度和深度密切相关（Marzano，2004；Marzano & Pickering，2005）。研究证据表明，积累学术背景知识的过程理应包括直接的词汇教学（Hattie，2009，2012；Marzano，2004）。在直接的词汇教学中，教师应向学生们提出如下要求：（1）描述单词，而不是死记定义；（2）言语表征和非言语表征相结合；（3）多样化地接触相关单词或概念；（4）鼓励学生们讨论相关单词或概念；（5）让学生们用相关单词做游戏；（6）关注学业成功所必需的那些单词（Marzano，

67

① 在物理学中，speed 是一个标量，只有大小，没有方向；velocity 是一个向量，既有大小，又有方向。——译者注

2004；Marzano & Pickering，2005）。学生们应能理解所学单元中概念和术语的含义。

鼓励学生们用所学概念、术语和词汇做游戏的方法有很多，其中之一是布置一面单词墙。在教室里选一块墙面，设计成某个单元或主题的单词墙，这种方法对中高年级的学生同样可行。这一策略有两种不同的实施方法，教师在其中的参与度不太一样：其一是由作为教师的你亲自把概念、术语或词汇贴满单词墙；其二则是让学生们参与课前阅读或者头脑风暴活动，由学生来提炼要贴在墙上的概念、术语或词汇。下面是第二种方法的实践示例。

师：早上好！首先请大家打开课本，再拿出一张白纸和写字的笔。

（教师略作停顿，等候学生们准备材料。）

师：好。同桌互相检查一下，是不是都拿好了课本、白纸和笔呢？如果都准备好了，就伸出大拇指。如果还没有，就快快帮助他。

（教师又略作停顿，等候学生们伸出大拇指示意。）

师：请翻开课本第 105 页，“植物的结构和生长”这一单元的第一页。翻开之后，举起你的大拇指。

（教师等候学生们伸出大拇指示意。）

师：请通读这一单元，然后罗列出 10—15 个你认为本章最重要的概念、术语或单词。看看你们能否在 2 分钟之内列出 10—15 个词。开始！

无论你采用教师归纳的词汇表还是学生归纳的词汇表，所有的单词都应当 68
被张贴到墙上，让学生们每天都能看到和用到。例如，你可以让学生任选两三个词，向同桌解释它们的含义；你可以要求学生们任选一两个词，画出这些术语对应的速写画；在结课活动中，你还可以要求学生们从当天课上学习的概念、术语和词汇中挑几个造句，通过这种练习把单词合理地串联起来。关键在于让学生定期和其他同学以互动的方式使用学过的单词。

为了保证学生们多接触获取学业成功所必须掌握的概念、术语和词汇，并对其形成多样化表征，他们可以制作一张图表，在上面写下对单词的描述（“写一写”），画一幅对单词的视觉表征图（“画一画”），然后提出具体实例（“用一用”）（见表 2.4）。

表 2.4　图表示例：写一写、画一画、用一用

概念、术语或词汇	写一写（文字描述）	画一画 / 用一用
并联电路（parallel circuit）	位于同一个面上的两条及两条以上不相交的线	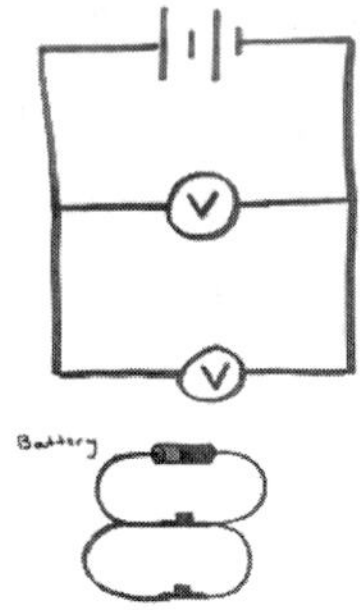
向心力	使物体沿弧形路径保持一个速度运动，且沿半径指向圆心的力	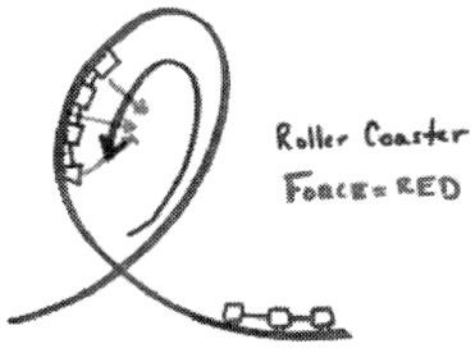

图示或者视觉化

科学教师不可能把所有真实的东西都搬到课堂上。比如说，核聚变、木星上的天气、细胞呼吸和克雷布斯循环（krebs cycle）就根本不可能用实验演示。为了让学生拥有具体的经验，促进其概念理解，教师就只能创造出这些科学现象的替代性表征，包括文本、图片、手势、动画、操作示范、模型、类比和比喻。这些替代性表征和外在表征，使教师们的直接演示在由于安全问题、情感影响、材料限制或清晰度不足等方面的阻碍而不能实现的情况下，给学生提供对概念的二手经验。这些表征旨在通过为学生构建内部表征提供支持，促进学生的理解。对表层学习来说，文本和图片是最有效的（Treagust & Tsui，2014）。

举例来说，要帮助学生们理解血液流经心脏的过程，教师可以选择用文字描述并通过课堂笔记传授内容，也可以选择编写一份填空作业，还可以仅仅口头告诉学生这个过程是怎样的。这个内容较为复杂，而且是学生理解人体其
69 他生理过程（呼吸过程、血液循环系统、血压、胆固醇、血细胞、血细胞计数等等）的基础，因此学生们必须通过完成任务来理解相关的概念和原理。科学

教育以及学习科学的相关研究都强烈建议用视觉来引导学习（Hattie & Yates, 2014；Mayer，2003，2011）。研究还表明，视觉和文字相结合，是提供学习内容的替代性表征或外在表征的理想方法。迈耶（Mayer，2003，2011）通过关于人脑信息编码的出色研究，发现了包含文字和图像的表征的具体指导原则：

1. 边听边阅读同样的信息，效率会很低，而且会削弱整体的学习效果（Sweller，2005）。这会造成信息过载。解决方法是要么只是听，要么只是读，不要同时进行。 70

2. 文字和相关图片的位置挨得越近，我们的学习效果越好。这个现象被称为“邻近效应”（contiguity）（Mayer，2005）。图 2.6 就展示了一个说明此项原则的实例。哪个图更容易读懂？左边还是右边？

3. “多媒体原则”（multi media principle）：我们从文字加图片的材料中学习的效果，比从纯文字材料中学习的效果更好（Fletcher & Tobias，2005）。我们的心智能够高效率地把文字和图像联系起来（图 2.7 呈现了纯文字和文配图的比较）。

4. 我们需要通过“应用实例”（worked examples）看到知识如何应用于具体案例（Hattie & Yates，2014；见图 2.8）。

5. 我们能从“信号”（signaling），或是其他强调关键信息的线索中获得帮助（Mayer，2005；见图 2.9）。

在学习过程的入门阶段，教师应当给学生提供替代性的或者外在的知识表征，以帮助学生理解抽象概念。

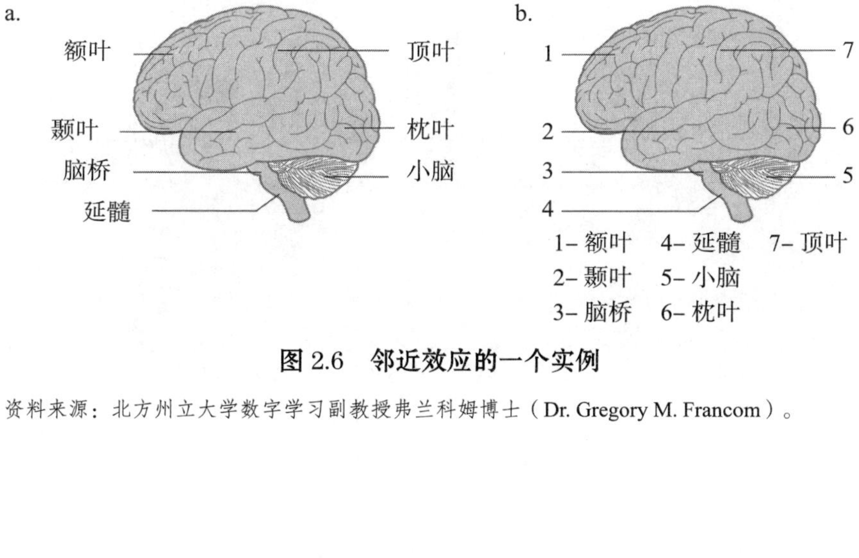

图 2.6　邻近效应的一个实例

资料来源：北方州立大学数字学习副教授弗兰科姆博士（Dr. Gregory M. Francom）。

a.

有丝分裂的五个阶段：

1. 在分裂前期，染色体开始缩短，纺锤体出现，核仁消失。
2. 在分裂中期，所有染色体排列在赤道板上，每条染色体的两个着丝粒都与微管相连。
3. 在分裂后期，染色单体分开，细胞变长。
4. 在分裂末期，纺锤体消失，形成两个新细胞核，核膜和核仁出现，染色体解聚。
5. 在胞质分裂中，细胞质分离，形成两个新细胞。

b.

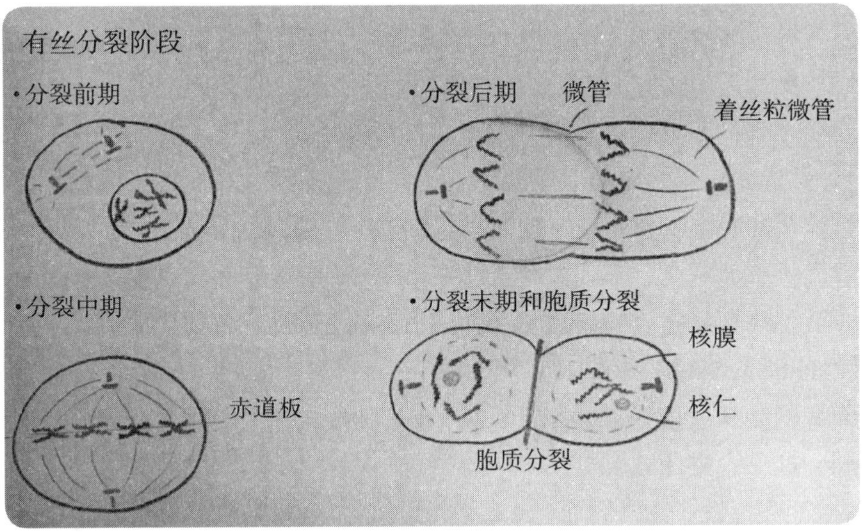

图 2.7　多媒体原则的一个实例

假设 y 与 x 的平方成比例关系，

a. 若当 $x=4$ 时，$y=120$，列出 x 的函数 y。

$y=kx^2$　　so, $k=\frac{120}{16}$

$120=k(4)^2$　　$k=\frac{30}{4}=\frac{15}{2}$　　$\boxed{y=\frac{15}{2}x^2}$

$120=k(16)$

b. 当 $x=7.5$ 时，求 y 的值。

plug into formula from (a).

$y=\frac{15}{2}(7.5)^2=\frac{15}{2}(56.25)=\boxed{421.9}$

c. 当 $y=125$ 时，求 x 的值。

$y=kx^2$　　so, $125=\frac{15}{2}x^2$　　$x=\sqrt{16.7}$

$y=\frac{15}{2}x^2$　　$250=15x^2$　　$\boxed{x=4.09}$

$y=125$　　$16.7=x^2$

图 2.8　应用实例

氧化还原反应

- **氧化态发生变化**
  - **氧化还原**反应是指原子的氧化态发生变化的化学反应。
- **还原反应是获得电子的反应**
  - **还原**反应是指原子**获得**电子的反应，导致分子、原子或离子的氧化数降低。
- **氧化反应是失去电子的反应**
  - **氧化**反应是指原子**失去**电子的反应，导致分子、原子或离子的氧化数升高。

图 2.9 “信号”的一个实例

记忆术

“记忆术”（mnemonics）是指辅助学生记忆大量信息的记忆妙诀，它也可以帮助学生记忆电磁波谱、行星的排列顺序或圆周运动中的力矩方向等科学概念。“教会学生把新知识与以前学过的、已知的知识联系起来，这是一种有助于牢固记忆的教学策略。”（DeLashmutt, 2007, p.1）其他常见的记忆术还有编几句歌谣、记首字母缩略词、用容易回忆起来的图像辅助学生记住难记的知识等等。

你是不是经常使用这种策略（即便你不知道它叫什么）来记住一串单词呢？我们常常用“ROY G. BIV”来记忆光谱的颜色（赤、橙、黄、绿、蓝、靛、紫），用“HOMES”来记忆美国五大湖的名字［休伦湖（Huron）、安大略湖（Ontario）、密歇根湖（Michigan）、伊利湖（Erie）和苏必利尔湖（Superior）］。除了首字母记忆法和音律记忆法，还有一些用图像或组词来记忆的技巧［例如，用“Every Good Boy Does Fine”（好小子行好事）记忆高音谱表上每条谱线的音，即 E、G、B、D、F］。

记忆术在科学词汇的教学中尤其有帮助。例如，可以通过背诵“散热中评（平），对！”记忆大气层：散逸层、热层、中间层、平流层和对流层。背诵“天狼老人星，南门角织女，五车共参宿，南河与水委”来记忆天空中最亮的九颗恒星：天狼星、老人星、南门二、大角星、织女一、五车二、参宿七、南河三和水委一。[①] 此外，还有“界门纲目科属种”等等。这些记忆术不能取代对大气

① 英文原著中引用了两个用顺口溜记忆术语的例子。翻译时根据这两组术语的中文名称，重新编写了中文顺口溜。——译者注

层、视星等、生物分类学的概念理解，它们仅仅是帮助学生准确记忆术语用的。

科学中还有一类难记的术语，就是公制单位的前缀。学生们常用“King Henry Doesn’t Usually Drink Cold Milk”（亨利国王不常喝凉牛奶）来记忆词缀：kilo-（千），hecto-（百），deca-（十），unit（一），deci-（十分之一），centi-（百分之一），milli-（千分之一）。学生们必须知道这些词缀，而且懂得它们对应的
73 单位尺度。此外，他们还必须能够区分两个“d”打头的词缀（deca- 是十倍单位，deci- 是十分之一单位）。用理解的学习方法（即理解 decimals 是小于 1 的单位）才有意义，单纯记忆的方法则不能奏效，因此用前者的学生牢固记住其区别的可能性更大。

适度使用记忆术是很有用的。但若是使用得过于频繁，就不再能够减轻解决问题时的工作记忆负荷，而是替代了理解知识，或者说是用花招掩盖了至关重要的理解，这样往往会导致错误认识（Karp，Bush，& Dougherty，2014）。因此，千万要确保学生理解记忆术背后的原理，而不能仅仅学会顺口溜。记忆术对学生实现表层学习有帮助，但学生不能止步于这一阶段。正如琼（Jeon，
74 2012）所指出的，仅凭记住电磁光谱的可见光次序，并不能说明学生们学会了如何运用这个知识，也不能说明他们理解了频率和波长的概念。

科学过程和科学思维

科学是一个知识体系，是一种独特的认知方式，也是一系列过程。科学不仅仅是一连串关于青蛙、行星和人体的事实，而且是理论、原理、自然法则、科学的独特性和科学思维的复杂联结。因此，学习科学的过程，既包括学习庞杂的知识体系，也包括学习证实或反驳这些知识的科学过程。克拉尔、齐默曼和伊罗特（Klahr，Zimmerman，& Jirout，2011）说：“科学思维有两大根本特征：（1）内容，包括一系列针对具体领域的主题，如物理学、化学、生物学、地球科学等等；（2）过程，包括形成假设、设计实验、评估实证。”（p. 971）换句话说，学生们的科学过程学习和科学内容学习要双管齐下。科学过程的学习也有
75 表层学习阶段：观察，分类和排序，沟通，测量，预测，假设，推断，操纵实验变量，设计、构建和解释模型，阐释、分析和评估数据。现在，我们来仔细看一看其中的“观察”。

观察的进阶

1. 直接观察客体的基本特征和组成。

2. 从多角度进行观察，形成不同视角的观点。

3. 利用多种感官，观察各个组成部分的差别。

4. 从多角度进行观察，形成不同视角的观点，并反复确认其准确性。

5. 使用简单工具来提高观察能力。

6. 观察并做出预测，形成问题。

7. 知道观察和个人阐释不一样。

8. 重复观察，确保准确。

9. 区分观察、总结、推断和预测。

10. 观察相似客体和相似有机体之间的细微差别。

11. 分别记录在实验室中和在野外对生物的观察。

12. 选用工具来拓展观察内容，测查质量、体积、温度、热量交换、能量转化、运动、场和电荷。

（引自 VDOE，2012）

前文提到过的 SOLO 分类法（Biggs & Collis，1982）给出了一种辨别表层 76
学习内容的分析框架，还提供了关于科学过程的学习进程指导。适度的挑战水平，指的是让每一个学生所学内容和所用的科学过程技能及科学思维都处在正确的 SOLO 分类法水平上。科学过程和科学思维的表层学习主要包括单一结构水平和多元结构水平（见表 2.5）。

表 2.5　SOLO 分类水平：科学过程和科学思维的表层学习

SOLO 水平	学习目的	成功标准
单一结构水平	我理解通过直接观察可以认识物体的特征。	我能用自己的各种感官，辨别物体的各种性质。
多元结构水平	我理解可以用多种视角来观察。	我能从不同角度描述一个物体。 我能说出用不同视角观察同一物体的差别。

在单一结构水平上，学生们要采用单一视角，关注单一物体。其重点在于完成观察物体、辨识基本特征和基本组成所必需的入门学习。在多元结构水平，

学生们则要采用多种视角，从多个角度观察物体。

从幼儿园开始，学生们就开始渐渐学习如何像科学家一样思考，参与科学过程。但是，如果还没打好知识基础，就让学生参与科学的思考，那会阻碍其
77 学习进程，且很有可能导致师生产生挫败感和逃避的心理。

反　　馈

在第 1 章，我们说有效反馈是师生之间、学生之间的信息交流，涉及回答以下三个问题：（1）我要学什么？（2）我要如何学？（3）下一步怎么做？教师可以给学生提供任务反馈、认知加工反馈，或者让他们开展自我管理反馈（见图 2.10）。表扬式的反馈与学习关系不大，因此我们不会重点讲这第四类反馈。

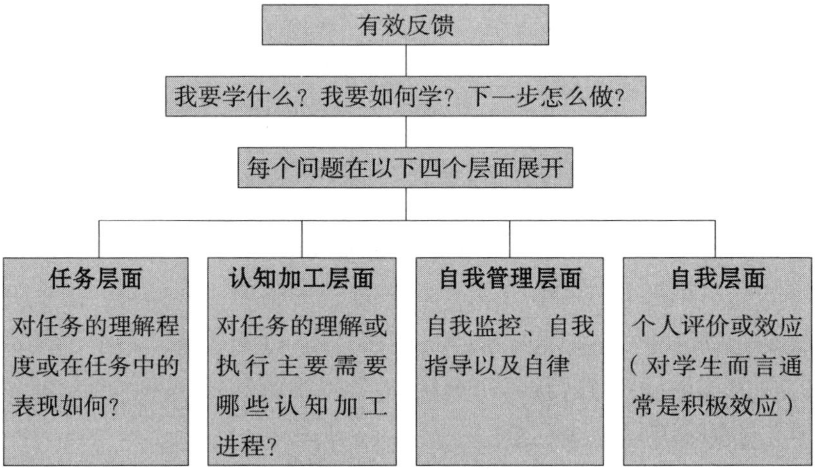

图 2.10　有效反馈

资料来源：根据 Hattie & Timperley（2007）整理。

请注意，在图 2.10 中，对于表层学习阶段来说，任务反馈对于学生很重要，学生在此阶段要逐步检验和概念化地理解与特定科学内容、科学思想和术语相
78 关的抽象范畴——例如，区分猎食者和猎物，或者了解有些动物时而是猎食者，时而是猎物，这取决于情境。学生们要依靠任务反馈来建构概念：哪些是正确的例子？在什么情况下是正确的例子？例如，这种反馈应该帮助学生判断什么是猎食者或猎物，什么不是。再举例来说，封闭系统和开放系统概念的边界在

于质量是否守恒。当学生分不清开放系统和封闭系统时，教师需要给他们举出正反例。任务反馈给学生们提供明确的信息，以辨明两个概念中相关和必要的特征。本章中所有的内容实例（简单机械、恒星、化学变化和物理变化）都适用这种反馈。

有效反馈不仅体现在反馈类型上（即任务反馈、认知加工反馈或自我管理反馈），而且体现在反馈的针对性和建设性上。教师是否利用拼图游戏中学生的解释和对话、配对提问中的学生互动，以及学生的内容表征提供了学习反馈？给教师的反馈应当指出其给予学生反馈的类型和性质。是不是每一名学生都成功地接收到反馈，并利用反馈来判断下一步的努力方向，这完全取决于是不是每一名学生都理解反馈的意义，他们能不能运用反馈来推进学习。有效反馈和对反馈的有效利用，有助于夯实入门学习，但同时它也需要通过教师主导的、清晰介绍内容架构的教学协助支持。

随着学习者逐渐理解了每一个概念，熟练度逐渐提高，反馈应当越来越关注科学过程。无论是来自教师的反馈还是来自同学的反馈，都应该针对学生的思维，而不能仅针对回答的准确性。例如，教师可以让学生对化学变化和物理变化进一步展开对话："记住，物理变化是物体的物理组成发生的可逆变化。此例中什么发生了变化呢？"这个反馈不是只告诉学生对错，而是用问题的形式，让学生思考他（她）判断某现象是不是物理变化的思维过程。

随着学习者的学习阶段从表层学习走向深层学习，再走向迁移学习，师生 79
之间的反馈、学生之间的反馈更应该体现这一进步。

小　结

好的开始可以为有意义的学习和强大的影响力架桥铺路。教师们要留意自己的学生处于学习周期的哪个阶段。表层学习为深入的知识学习和随后的知识迁移打下必要的基础，但须谨记：为迁移而教是务必要实现的。现实是，学习往往止步于表层阶段。真正的挑战在于，我们万不可矫枉过正，过于重视批判性思维和分析性思维，而忽视了基础知识。学生们需要，也必须得到对于新知识和新技能的贴心指导，这十分仰仗教师的专业性。教师们则需要认清从表层学习进入深层学习的时机。

反思问题

1. 思考你所教年级的科学课主题。每个主题的表层学习阶段是什么？如果用 SOLO 分类法表格来分析，单一结构水平和多元结构水平分别是什么样的？你会用哪些策略来帮助学生开展各个主题的表层学习？

2. 思考一下，你在课堂上如何组织基础知识学习？你更重视练习还是学习任务？你如何把一个练习修改成学习任务，从而促进学生理解概念？

3. 你的学生有多少参与科学解释的机会？学生有多少解释和证明其思考过程的机会？你能用哪些策略来增加学生通过解释和证明展示学习效果的机会？

4. 你是否鼓励学生在学习科学内容时创造或者建构多重表征？你能用哪些策略来鼓励学生寻找科学内容中的规律？你会教学生们利用哪些工具来辅助理解科学内容的含义？

第 3 章　让科学的深层学习清晰可见 81

如果说表层学习是学习与巩固一个主题的入门知识，运用与主题相关的科 82
学过程技能的话，那么深层学习就是揭示该主题之下的术语、概念和思想之间的联系。在第 2 章中，我们举了一个科学学习的例子，随着学生们逐渐开始理解质量守恒，要进一步开展深层学习，就得给学生的思维搭建脚手架，使他们认识质量守恒、物理过程和化学过程中的原子守恒，还有人造的和自然的能量转化（例如，氮循环、光合作用、引擎的工作原理）之间的联系。表层学习重在理解质量守恒的概念，而深层学习要求学生领会这一概念与其他科学现象的联系。在深层学习阶段，教师应该让学生有很多机会用科学过程技能去计划、去调查、对基础知识进行详尽阐述，并且对科学内容做出抽象概括。让我们回到课堂上，看一看学生们所经历的可见的深层科学学习。

布莱恩·史密斯（Bryan Smith）是一名高中化学教师，他正在设计一套学习活动，以帮助学生理解元素周期表的排列、元素的相对性质和原子结构之间的关系（NGSS Lead States，2013）。学生们已经牢固掌握了沸点、熔点、电离能、电子亲和性等概念，史密斯老师的目标是让学生发现这些概念与元素周期表的排列和原子结构之间的关系。在课上，学生们要分析数据、建立数学模型，继而说明上述概念之间的联系，并总结元素周期表中的规律。

根据前一天“出场券”所得出的课前评估数据，史密斯老师知道学生们已经理解了沸点、熔点、电离能和电子亲和性这几个概念。尽管有个别学生仍需巩固所学，但是他们都能够用这些概念处理更复杂的任务。也就是说，课前评估使得学生的学习进程对学生和教师都清晰可见。学生们能够详尽阐述（效应量为 0.75）这些概念，并将其和原子结构、元素周期表的排列联系起来。当学
生们走进化学教室时，他们看到了黑板上展示的学习目的：“今天我们要认识元 83
素周期表的排列方式和几种元素的性质之间的联系。”在学习目的的正下方，写着成功标准，学生们对于每天查阅这些内容早已习以为常。总而言之，这就是史密斯老师的课堂，学生们的学习和成功都清晰可见：“当我做到如下三点时，

我就知道自己了解了这一联系：（1）我能用图表表示元素周期表上的数据与某元素性质之间的关系；（2）我能用数学模型表示元素周期表和元素性质之间的联系；（3）我能用我的模型解释这种联系。”

学生们在教室里坐定后，看到自己的座位上、笔记本电脑旁边，都有一张贴纸。史密斯老师的教室是单人座教室。贴纸上有数字 1—7，指示着每个学生所在的专家小组。史密斯老师告诉学生们，要彼此更换座位，和拿到相同数字贴纸的同学坐到一起（拿到“1”的坐在一起，拿到“2”的坐在一起，以此类推）。当学生们都转移到了各自的专家小组后，史密斯老师介绍了给每个小组布置的具体任务。他告诉学生们，每个小组都会拿到一道必答题，在回答问题的过程里，他们要用如图 3.1 所示的图表整理思路和发现。小组的每一名成员都必须做出自己的回答，因为所有学生都要在小组内部展示自己的发现。而这些问题，据教师所说，“将对我们达到今天的学习目的有所帮助”。

史密斯老师下发了几个文件夹，每个文件夹中写有简短的指导语、整理思路用的图表，还有如下问题之一：

- 元素的沸点是周期性变化的吗？
- 元素的熔点是周期性变化的吗？
- 原子质量是周期性变化的吗？
- 原子半径是周期性变化的吗？
- 离子半径是周期性变化的吗？
- 原子的电离能是周期性变化的吗？
- 原子的电子亲和性是周期性变化的吗？

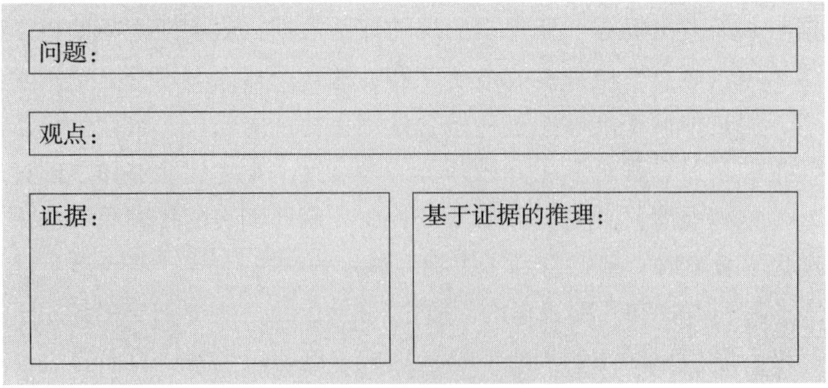

图 3.1　整理思路的图表

此处需要说明的是，史密斯老师设置的问题数量取决于他认为最适合这堂课学习活动的小组人数。具体来说，对于小一点的班级，他会优先保留最能保 84
证学生通过此项活动实现必要理解的问题，而将其他问题删去（他可能只留下5 个问题，以匹配各组人数）；对于大一点的班级，他就会用上全部这 7 个问题，甚至加上核电荷、核屏蔽与元素周期表的关系的问题，以匹配各组人数。此外，史密斯老师还赋予学生选择权，学生小组可以选择如何回应当日的学习目的，这让他们可以自主选择学习经验。这依然取决于班级特点，以及这个班级正处在哪个学习阶段。

指导语上说，每个小组要用图表和数学式来呈现数据，这将会帮助他们回答问题，并且帮助他们找到所提供答案的证据。对证据的推理或者证明，必须从化学教材或者专业文献中来，不能引用维基百科。然后，史密斯老师让小组解散，学生用一段时间来完成任务，解答各自的问题，整理各自的证据和推理。

史密斯老师在教室中来回走动，倾听学生的谈话，回答他们提出的疑问，指导学生并提出试探性的问题。通过这些手段，他促进了学生们对内容知识的精细整合（效应量为 0.42）和科学过程技能的提高。而且他知道，各小组的学生们何时可以进入学习活动的下一个阶段。他让学生们把作业材料收集到一起，重新结成新的小组。每个新小组中都必须有 1—7 组的代表。这些新小组被称为 85
“学习小组”。学生进入学习小组后，须轮流展示他们的问题、提出观点、摆出证据，并且引用相关化学文献进行证明。图 3.2 是一名学生的作业。

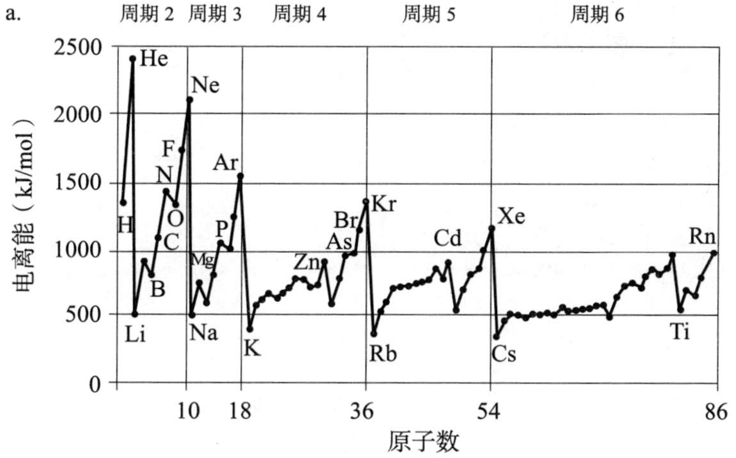

图 3.2　学生作业实例

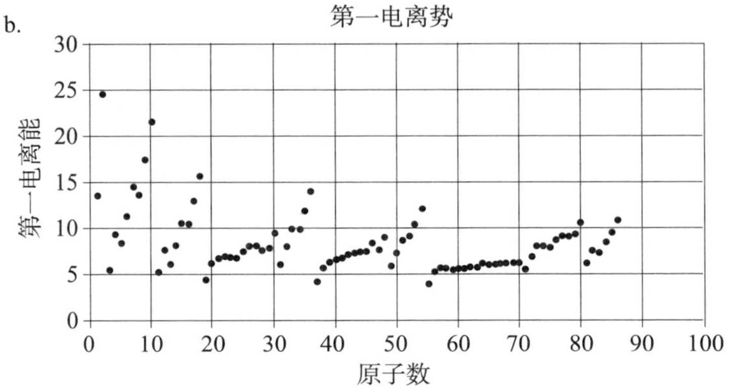

图 3.2 学生作业实例（续）

资料来源：谢南多厄河谷地方学校伦纳德·C. 克莱茵（Leonard C. Klein）制图。

86 每个学生展示自己的发现以后，学习小组里的其他学生要做笔记、提问题并给出反馈。为了给学生主导的反馈（本章后文会就此展开讨论）提供支持，史密斯老师在教室里准备了一张以学生为中心的反馈参照表（见图 3.3），以支持学生之间的反馈对话。

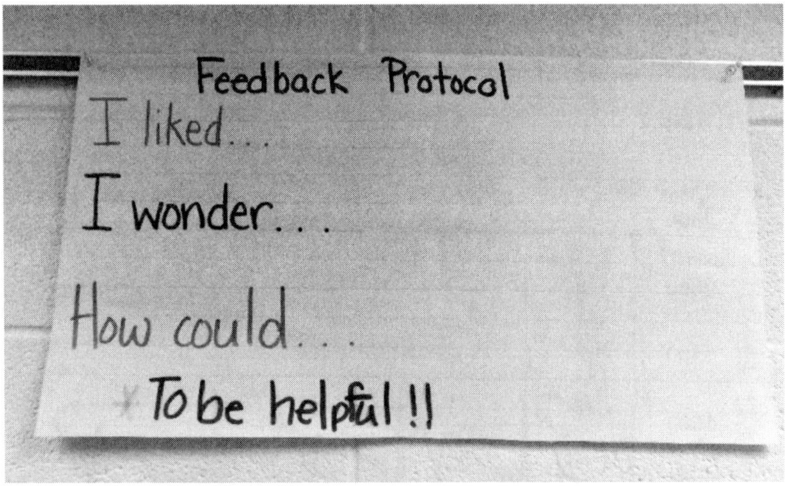

图 3.3 以学生为中心的反馈参照表

图中文字：反馈协议 / 我喜欢你说的……/ 我还想知道……/ 你是如何……/
* 给出有帮助的反馈！！

结课时，史密斯老师给每个学生发了一张元素周期表（见图 3.4）。

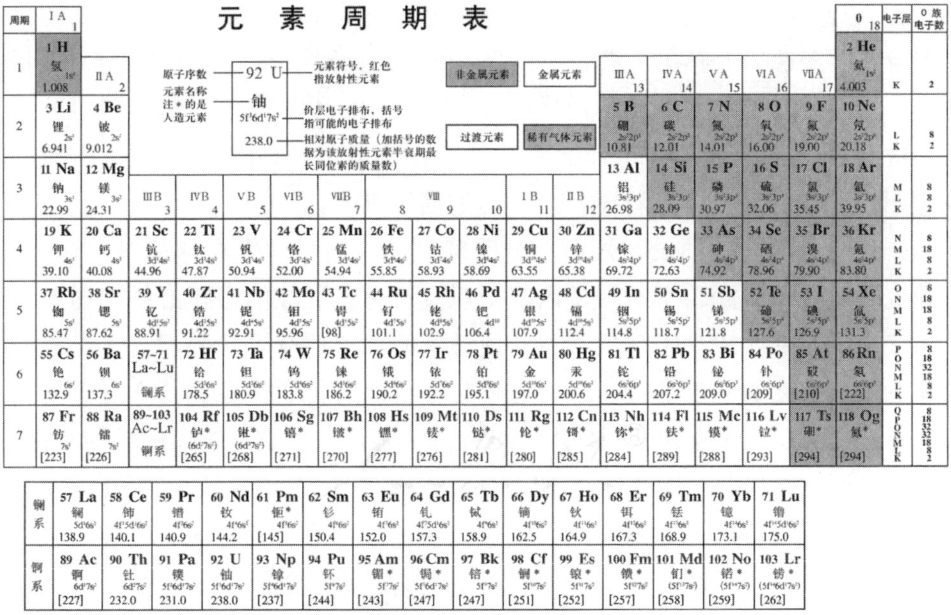

图 3.4　元素周期表

他要求学生们视觉化地呈现在当天的学习中发现的周期性变化的性质。为了解答学生关于“视觉化地呈现周期性变化的性质”是什么意思的困惑，史密斯老师举了一个应用实例（效应量为 0.37）。他用箭头纵向和横向贯穿了元素周期表（见图 3.5）。“当我们沿着周期表的纵列和横栏看过去时，今天探索过的周期性变化的性质会发生哪些变化呢？”

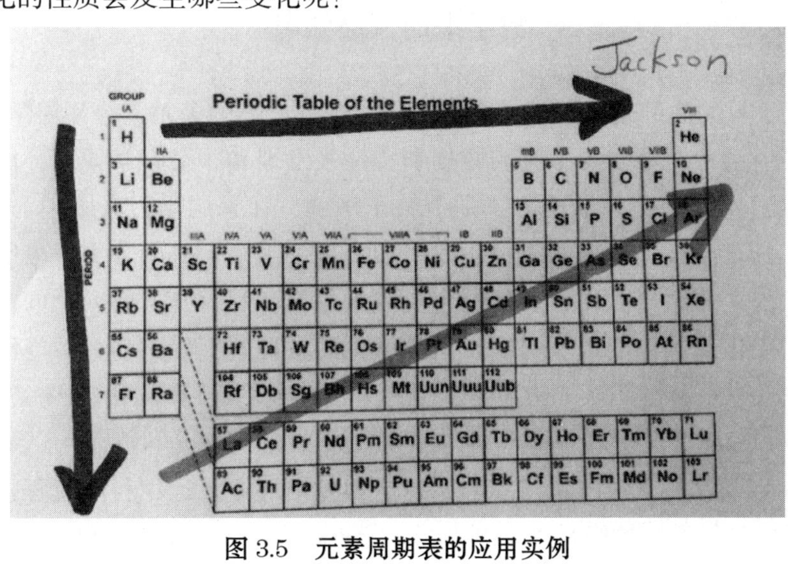

图 3.5　元素周期表的应用实例

这个简短的例子消除了学生的困惑，因此他们能够继续巩固其深层学习。
87 史密斯老师要求学生们在元素周期表背面的空白处写下对当日所学的自我阐释，包括解释那些非周期性变化的性质：“用你自己的话解释今天探索的各种性质，关于这些性质，你都学到了什么？”这种自我解释（效应量为 0.50）和反思（效应量为 0.75）促进了学生对深层学习的复习巩固。

史密斯老师的教学设计意图十分明确，他评估了学生在课前的理解水平，使学生的学习经验涵盖了对科学内容知识及科学过程技能进行的精细加工、组织和整合。这堂课实现了深层学习，使学生的学习超越了对沸点、熔点、电离能和电子亲和性的初步掌握。学习进程与本堂课的科学内容和科学过程技能紧密结合，要求学生建立和应用模型，设计并实施调查，把握物质的结构及特征，对其做出评估并相互交流（NGSS Lead States，2013）。史密斯老师让学生参与
88 这堂课的活动的前提是学生们都已牢固掌握了基础的，或者说表层的知识和科学过程技能，这个基础是高效地探索本堂课所涉及的各种联系的必要条件。史密斯老师只有引出学生的先前知识，让他们的背景知识对师生都可见，才能推进学习进程，适时地开展深层学习活动。他了解学生们已经知道哪些有关原子性质的知识，也知道他们对建立和应用模型所必需的概念和术语理解到什么程度，还知道学生们对于设计并实施调查，以及把握原子性质和元素周期表的关系，对其做出评估并相互交流，已具备多少基础知识。

科学中的深层学习

深层学习关注的是认识科学概念或科学现象之间的关系。在深层学习阶段，
89 学生们更主动自发地投入，利用数据和实证去发现和领会科学原理，而不是把各种思想看作孤立的科学现象。举个例子来说，在深层学习者眼中，水循环、氮循环、岩石循环和一只蝴蝶的生命周期不是由需要记忆的若干阶段所组成的四种相互独立的循环。相反，他们会提取出各循环间相交叉的变化的概念，并且梳理出变化（例如能量）与反映这种变化的各种外部因素的关系。深层学习者能够发现联系，用元认知去思考，也就是说，他们会对自己的思考进行思考，会彼此探讨思想，会采取行动，也会评估证据，这些都是科学学习的必要组成部分。因此可以说，深层学习者开始以更为复杂的方式运用科学过程技能，从而试图去发现科学中的联系。

请记住，学习是一个循环往复的过程，学生时常需要在表层学习和深层学习之间来回调整。表层学习是学习过程的必要组成部分，能使学生在做任务的过程中为后续灵活而高效的学习打好知识基础、形成概念理解。它让学生在从事更具有认知挑战性的活动、用更加严谨的语言发现规律和做出概括方面做好了准备。例如，通过学生在回答“电离能是不是周期性变化的”这个问题时获取数据、评估证据和证明观点的过程，我们可以看到其在学习上未曾预料到的缺漏。学生可能会发现，他（她）对电离能这个概念的理解还不够透彻，不足以用来证明其从数据中找到的证据。学生需要和教师一同努力，通过简短指导或者明确讲授去补上知识缺漏，然后才能继续深层学习。时机非常重要！

让我们再看一遍曾在前一章中出现过的“表层学习教学和深层学习教学”对照表（见表 3.1）

表 3.1　表层学习教学和深层学习教学

表层学习教学	深层学习教学
应用实例，效应量为 0.37	学生控制的学习，效应量为 0.02
行为组织者，效应量为 0.42	基于网络的学习，效应量为 0.18
设定目标，效应量为 0.50	基于问题的学习，效应量为 0.26
掌握学习，效应量为 0.57	基于探究的教学，效应量为 0.40
直接教学，效应量为 0.60	引导式教学，效应量为 0.44

如上一章所说，在深层学习阶段使用与“深层学习教学”有关的方法，会得到更好的学习效果（Hattie & Donoghue，2016；Hattie & Yates，2014）。对比第 2 章中克罗斯老师的课堂和本章中史密斯老师的课堂，可以发现两个课堂的学习环境截然不同。区别主要在于以下两个方面：（1）学生的学习进程；（2）实施具体教学方法或教学策略的时机。克罗斯老师班上的学生处于表层学习阶段，还没有为探索栖息地中各因素之间关系做好准备。因此，克罗斯老师有意识地为学生的入门学习提供支持。史密斯老师则不一样，他的学生已表现出对必要 90
的术语、思想和概念的理解，足够察觉到其中蕴含的关联，也能够对其进行概括。他通过一个探究活动深化了学生的学习。学习阶段和采用教学方法及策略的时机至关重要！我们追求的是在正确的时机，针对正确的学习类型，采取正确的教学方法。然而，也有南辕北辙的情况发生。如果学生已经进入深层学习阶段，但其学习活动依然瞄准表层学习，那么会产生什么后果呢？让我们走进莱克西・伊斯顿（Lexi Easton）老师的高中解剖生理课一探究竟。

伊斯顿老师教的是解剖生理学的两个小节，这是生物学的高阶部分。其中要理解的重点和要点是，DNA 决定着蛋白质结构，蛋白质通过形成若干特化细胞系统，执行关键的生理机能。对于学生来说，其中涉及辨别各类细胞或组织类型、人体的各个系统，以及有关蛋白质合成的生物化学知识（NGSS Lead States，2013）。本单元的学习目的是“我将会理解 DNA 决定着蛋白质结构，蛋白质通过形成若干特化细胞系统，执行关键的生理机能”。伊斯顿老师不仅提出了很高的学习目的，她在对课程要求的知识和科学过程技能做了内容-任务分析（效应量为 0.87）之后，还把本节课的学习分解为可操作的成功标准。当
91 天的成功标准是：（1）我能解释一个多细胞生物的细胞分化结构组成；（2）我能举例说明这一结构如何支持必要的生理技能（NGSS Lead States，2013）。学生要从学习目的和两个成功标准的具体措辞当中，努力挖掘出某种特化细胞系统与细胞维持生理机能的作用之间的关系。这是深层学习，因而需要运用具体的、高影响力的教学方法和策略，引导学生发现这些关联。

伊斯顿老师决定让学生们制作一套闪记卡，辅助他们对多细胞生物中各系统组成部分的学习。具体做法是要求学生在卡片正面写下血液循环系统的结构或组成部分的名称，然后在背面写下其功能（见图 3.6）。

a.

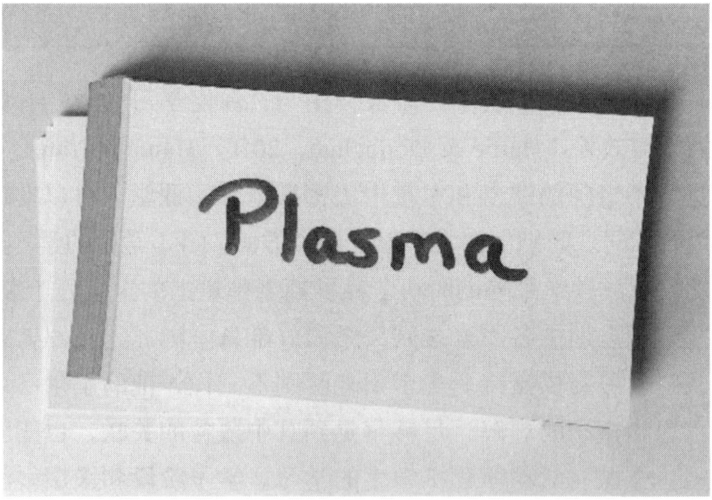

图 3.6　关于血液循环系统的闪记卡示例

b.

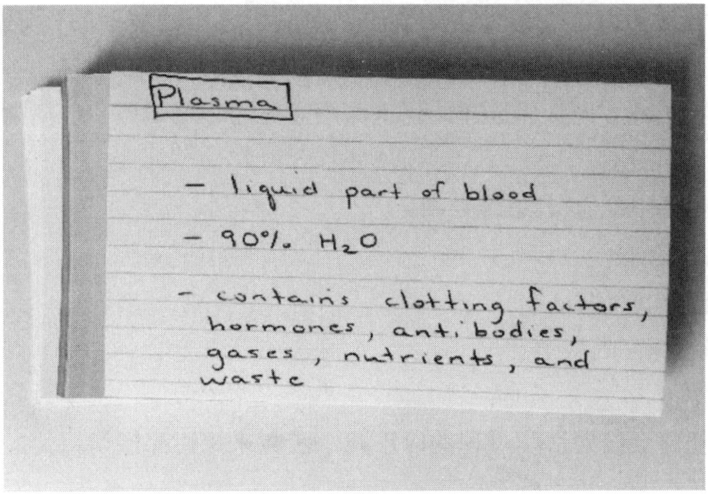

图 3.6　关于血液循环系统的闪记卡示例（续）

图中文字：a. 血浆。b. 血浆 / 血液中的液体成分 / 90% 是水 / 其中包含凝血因子、激素、抗体、气体、营养素和代谢废物。

在学习消化系统、呼吸系统、肌肉系统和神经系统时，伊斯顿老师也提出了相同的要求。闪记卡所蕴含的教学思想是，学生会有很多机会去练习、检索和回忆多细胞生物的各个组成部分的具体功能。接下来，我们看一看伊斯顿老师所选用的教学方法和策略，再想一想运用它们的时机合不合适。

由于伊斯顿老师的成功标准是针对深层学习的，因此把总结、整理和做笔记等策略用在其他学习阶段上会更合适。总结（效应量为 0.79）、整理（效应量为 0.60）及做笔记（效应量为 0.50）是有效的表层学习策略。换句话说，这些策略的效应量都和对课程内容的初步获取有关，却和深层学习没什么关系。更何况，制作闪记卡可能并不会给学生带去巩固知识的机会，而是导致死记硬背。正如克罗斯老师可以很快地将自己的课堂教学工作正确定位为促进学生的表层学习一样，一名教师同样也很容易在错误的学习阶段选用错误的方法和策略。为了促进学生对深层学习的掌握和巩固，伊斯顿老师最好是让学生明确地辨别各系统及其组成部分之间的关系，具体做法有：用思维导图来阐述（效应量为 0.64），进行科学论述或讨论（效应量为 0.82），交互式教学（效应量为 0.74），或是布置解决问题的任务（效应量为 0.68）。这些方法都和史密斯老师在化学课上的做法相类似。

本章余下的部分，将详细探讨对科学内容知识以及科学过程技能的深层学

93 习，同时思考那些能促进学生从表层学习阶段已牢固掌握的科学思想之间发现关联的高影响力的教学方法。和上一章一样，我们会根据史密斯老师和伊斯顿老师的课堂实例，先带你选择能促进深层学习的学习任务，包括如下四种：

- 概念导图，或者思维导图；
- 科学论述；
- 交互式教学；
- 基于探究的教学。

我们还将会按照科学过程的以下几个步骤来探讨深层学习：

- 观察；
- 分类和排序；
- 沟通；
- 测量；
- 预测；
- 假设；
- 推断；
- 操纵实验变量；
- 设计、构建和解释模型；
- 阐释、分析和评估数据。

但是，在探讨科学过程时，我们的关注点会放在有助于建立关联和有助于发展元认知思维的那些方面，也就是说，它们能促进学生对自己的思维进行思考、讨论思想，采取行动和发现谬误。我们尤其会检视学生如何设计、构建和解释模型，以及阐释、分析和评估数据。

选择促进深层学习的学习任务

对学生的深层学习最有影响力的学习任务能够联结与整合学习内容，让学
94 生更加前后连贯地理解科学知识中的各个术语、思想和概念是如何构成普遍的

科学原则或科学现象的。此外，深层学习者还能够从数据和证据中提炼出关联，从而提出观点并证明。例如，深层学习者不仅知道地壳板块边缘地带会较为频繁地地震，并且能指出这些边缘地带在地球上的位置（表层学习），还能证明为什么那些地区会频繁地震（深层学习）。再如，深层学习者不仅能用实验室里的弹簧秤、钢板和砝码测定动摩擦系数，还能说出计算该系数所必须获得的相关数据，并且对计算过程的合理性做出批判性评价。他（她）能够回答如下问题，并给出证明：三次实验测量到的动摩擦系数应该是一致的吗？哪些条件导致了计算结果的差异？

学生从表层学习进入深层学习后，他们思维的性质也从定量变成定性。在表层学习阶段，学生们获取到更多的科学内容知识和科学过程技能，因此会理解更多的术语、思想和概念。而当他们进入深层学习阶段时，就要通过建立联结和归纳概括去深化对已知术语、思想和概念的理解。这是思维方式的质变。学生们不是继续学习“是什么”，而是开始学习“怎么”和“为什么”。

SOLO 分类法（Biggs & Collis，1982）不仅提供了表层学习的分类框架，也提供了深层学习的分类框架，它有助于师生制定连贯一致的学习目的和成功标准，并选定相应的学习任务。其中，思维的“关联”水平代表深层学习。让我们回到地震和测定动摩擦系数这两个例子上来，表 3.2 显示了学习目的和成功标准的层次递进。

请注意思维层次的变化和思维性质的变化。在这两个例子当中，学生们都是从知道更多的“是什么”逐步推进到了解“怎样发生”和“为什么发生”。从 SOLO 分类法来看，学生们不再仅仅关注单一思想（单一结构）或多重思想（多元结构），而是关注这些思想之间如何相互影响。

表 3.2　SOLO 分类水平：推进到深层学习（关联水平） 95

(a)

SOLO 水平	学习目的	成功标准
单一结构水平	我理解地球表面由几大板块组成。	我能指出板块边界。
多元结构水平	我理解板块边界发生的地质过程。	我能描述板块边界发生的地质过程。 我能描述板块边界发生的特定地质过程。
关联水平	我理解地质过程的类型取决于板块运动。	我能解释板块运动与特定地质过程之间的关联。

(b)

SOLO 水平	学习目的	成功标准
单一结构水平	我理解摩擦力与运动是反向的。	我能定义摩擦力。
多元结构水平	我理解运动物体和静止物体都会受到摩擦力。	我能描述静摩擦力和动摩擦力。 我能举例说明静摩擦力和动摩擦力。
关联水平	我理解摩擦力的类型取决于物体的物理性质。	我能解释一个物体受到的摩擦力与其物理性质之间的关联。

96 要向深层学习递进，还可以调整学习经验的严格程度。深层学习任务应该更难、更复杂，但不一定要同时增加难度和复杂度。

可以回忆一下表层学习，它基本上只涉及低难度和低复杂度的任务（见图 3.7）。深层学习阶段的学习经验或学习任务，应该具有更高的复杂程度，而且往往更难。

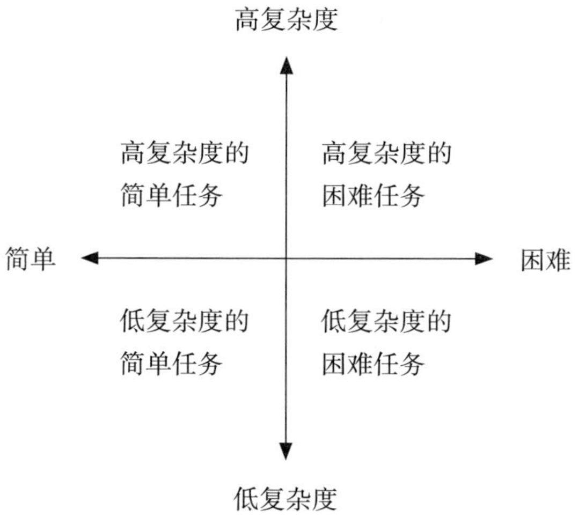

图 3.7 比较难度和复杂度

史密斯老师在化学课上提出一连串基于问题的学习任务，正是对全体学生坚持高复杂度，同时适时提高难度的一个示范。他提出的以下这些问题，难度并不一样。

- 元素的沸点是周期性变化的吗？
- 元素的熔点是周期性变化的吗？

- 原子质量是周期性变化的吗？
- 原子半径是周期性变化的吗？
- 离子半径是周期性变化的吗？
- 原子的电离能是周期性变化的吗？
- 原子的电子亲和性是周期性变化的吗？

每个问题都同样要求学生探索原子性质与元素周期表排列之间的关系，但是这些问题的难度并不一样，因此史密斯老师才能够给不同的小组布置不同的问题。这样做并不是提倡按能力划分学生小组，众所周知，按能力分组的效应量仅为 0.12。相反，在有不同能力水平学生的混合小组中，或者在按兴趣划分的小组中，保持任务复杂度一致而调整任务难度，既能够让全体学生都体验到任务设计本身的思维复杂度，同时又能降低部分学生的语言障碍和数学障碍，还不会影响学生深度理解正在研究的重要关系：元素周期表的排列与元素或原子的特定性质有关。这才是史密斯老师设计的学习目的。

让我们看一看地质过程和摩擦力这两个例子。在学生理解“地质过程类型取决于板块运动”还略显吃力的时候，教师可以减低难度，让学生把注意力集中在某个较为熟悉的地区上，或者缩小他们注意的地区范围。这种做法让学生在完成任务时较为省力，且不会降低思维的复杂程度。教师还可以减少给学生提供的地震数据量，从而使分析所用的信息量有所减少。反过来，教师可以通过提供地震数据（例如，里氏震级、持续时长、震中位置）并要求学生把数据标在地图上来增加难度。这种措施通过要求学生在分析数据时下更大力气增加了任务的难度。与此类似，教师也可以降低测定动摩擦系数的实验难度，具体措施是提供与任务相关的数学支持，如列出计算公式、允许用计算器，或者提供整理所收集数据的模板等；要提高其难度，则可以增加其他变量，比如说既要求算出钢板的动摩擦系数，又要求算出木块的动摩擦系数（见图 3.8）。

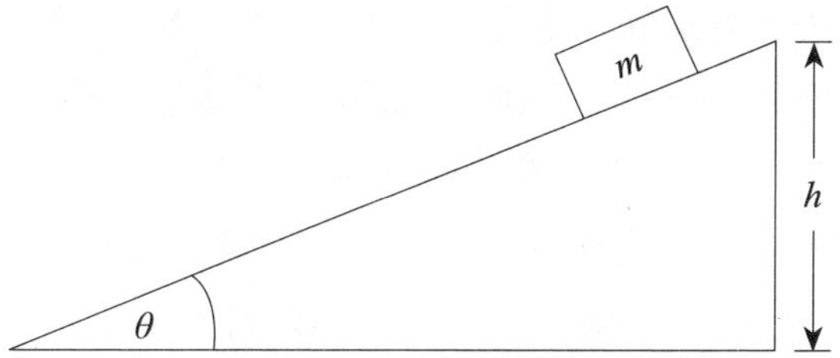

图 3.8　提高难度：以计算动摩擦系数为例

要提高任务的思维水平，或者说任务的复杂程度，可以要求学生使用倾斜
98 的滑动面，这就又加上了高度和倾斜角度的关系。在地震的例子中，则可以要求学生判断地震数据是来自初始地震还是余震。之所以说它提高了复杂度，是因为它要求学生更深刻地理解板块运动、地震和余震之间的关系。增加深层学习的复杂度的前提，应该是学生记录下多种来源渠道的证据，证明了自己的观点，而且解释明白了术语、思想和概念之间的关系。要记住，当学生顺利达到特定的任务复杂度水平时，他们就准备好进入下一学习阶段——迁移学习了（我们将在第 4 章详细探讨）。

让科学中的深层学习可见

为了让科学课堂上的深层学习可见，教师们必须在正确的时机运用正确的策略。我们接下来要探索深层学习中的几种高影响力教学策略：

- 概念导图，或者思维导图；
- 科学论述；
- 交互式教学；
- 基于探究的教学。

概念导图，或者思维导图

帮助学生找出术语、思想和概念之间关系的方法之一，是让他们绘制概念
99 导图，或者思维导图（效应量为 0.64）。思维导图是知识的可视化表征，它通过连线和图形显示出概念、过程和思想之间的关系（Nesbit & Adesope，2006）。在表层学习阶段，这个方法没什么用武之地，因为学生还没有掌握组成关系所必需的概念。戴维·奥苏贝尔（David Ausubel，1968）发现学生会主动把新概念纳入先前知识的概念框架或者结构之中（Estes，Mills，& Barron，1969）。学生通过绘制概念导图或思维导图，能够把新概念主动地整理到可视化表征中，从而对已知知识有更为整体化的理解。若是能有效利用这类导图，学生就能够通过主动且审慎地使用表层学习阶段牢固掌握的基础知识，可视化地表征其间的各种关联。可视化表征使得学生的深层学习对教师和学生本人都清晰可见。

关于在教学情境中应用概念导图的好处的研究得出了十分积极的结论。概

念导图的应用与对知识的编码、记忆的保持和回忆的增强有相关关系（Nesbit & Adesope，2006）。对 500 多项经过同行评议的研究进行元分析发现，概念导图的用法多种多样：有个人绘制的，也有合作绘制的；有根据口头讲授绘制的，也有从纸质版材料中提炼的；有把导图用作先行组织者的，也有把它用作合作工具的，还有单纯作为信息汇总的（Novak & Gowin，1984；另见 O'Donnell，Dansereau，& Hall，2002）。研究表明，当概念导图与教材和讲授相结合，或被用于把教材文本转换成可视化表征，或用于合作学习和同伴教学时，学生们会表现出对知识更高水平的理解和更好的记忆（Griffin & Robinson，2005；Horton et al., 1993）。

如何在课堂上应用概念导图或思维导图呢？迈克尔·格雷夫斯（Michael Graves）所教的地球科学课的学生刚刚完成了一个活动，每个学生小组选择一个大气层（对流层、平流层、中间层、热层或散逸层），制作相应的可视化摘要。每张海报纸上必须包含一幅可视化表征和关于特定大气层的重点知识。这个活动是为了快速回顾前一天的课（在上节课中教师介绍了大气层的分层）。现在，格雷夫斯老师希望学生们看一看各大气层之间的关系，以及大气层的整体特点。

师：回到座位后，请翻开互动笔记，找到左侧空白的一页。 100

（格雷夫斯老师略作停顿，等候学生们返回各自座位，拿出笔记本。）

师：在这个空白的左侧画一个蛋黄大小的圆，画在纸的正中间。你们可以用桌上的彩色马克笔，把墙上贴的海报纸上的单词、短语或例子写到自己的思维导图上。

（格雷夫斯老师展示了一张思维导图的示例。）

师：这是一张思维导图的示例。请注意，我是如何用彩色的线把这些单词、短语和例子连在一起的。要记住，我鼓励你们使用图画、单词、短语或任何其他的表现形式。发挥你们的创造力，对信息做出你们自己的阐释。用 5 分钟做你自己的思维导图，现在开始。

（格雷夫斯老师等候了将近 5 分钟，让学生完成此项任务。）

为了进一步利用学生的先前知识，同时深化其对知识的理解，格雷夫斯老师必须将思维导图活动再向前推进一步。他要求学生们从导图中选取一些连接在一起的单词、短语或者例子，用它们造一句话。例如，一名学生把“密度”和“气压”与大气层联系在一起，他造的句子可以是“高海拔大气层比低海拔大气层的密度更低、气压更低”。这种方式所获得的数据使学习对师生都可见，格雷夫斯老师可以对这些数据进行评估，做出后续教学决策。

有多种多样的概念导图或思维导图能够联结与整合学习内容，让学生更加前后连贯地理解科学知识中的各个术语、思想和概念如何构成普遍的科学原则或科学现象。图 3.9 至图 3.13 是其中的部分示例。

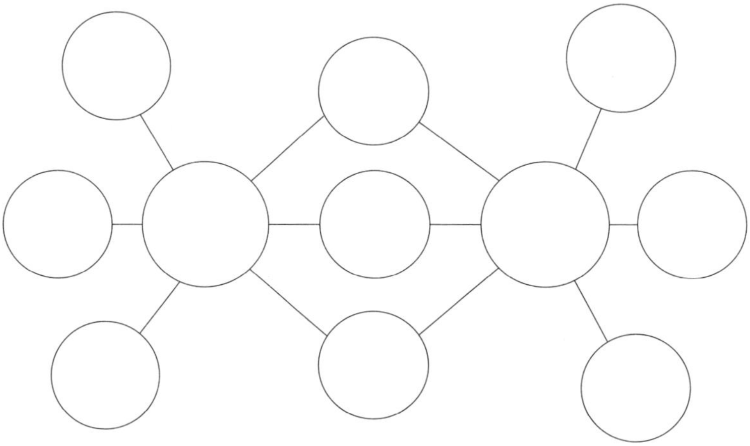

图 3.9　双气泡图，用于比较

（例如，比较被子植物和裸子植物、比较脊椎动物和无脊椎动物、比较共价键和离子键、比较库仑定律和万有引力定律。）

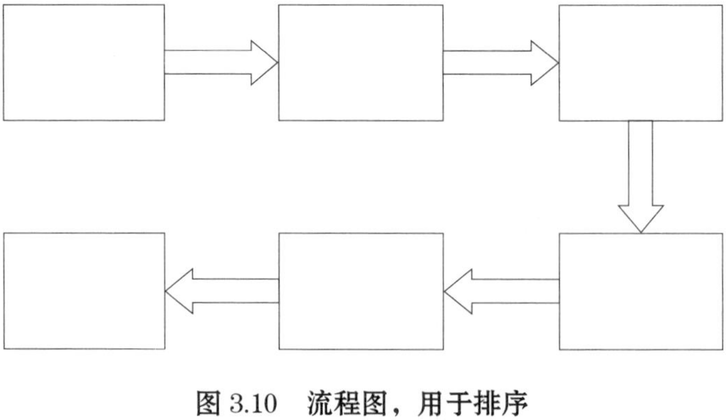

图 3.10　流程图，用于排序

（例如，原子形成过程、化学反应过程、地质时代史、细胞学进程。）

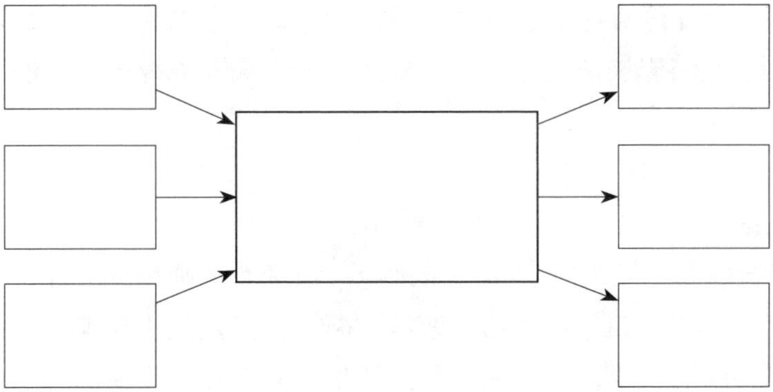

图 3.11　多流程图，用于梳理因果关系

（例如，原子核聚变和裂变、内稳态、资源缺乏或资源可获得性、强风暴、腐蚀。）

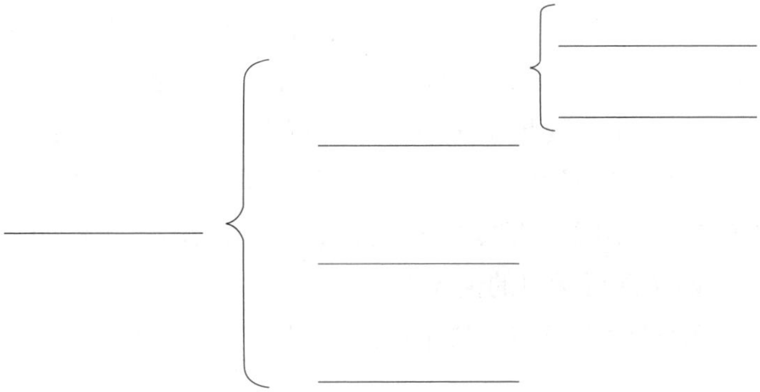

图 3.12　大括号图，用于归纳部分与整体关系

（例如，植物细胞、原子和分子、生态系统、星系、分类体系、标准度量衡。）

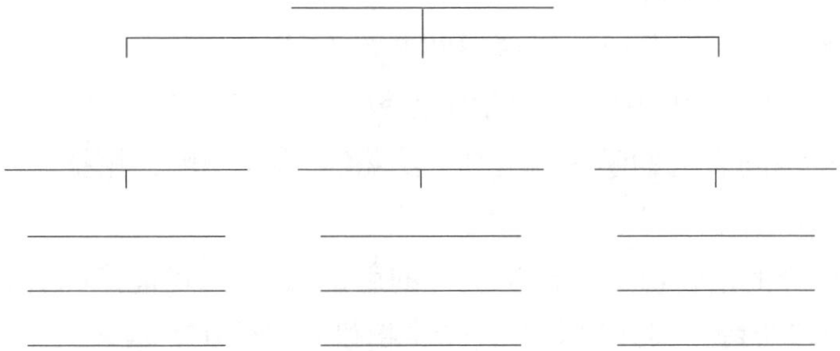

图 3.13　树状图，用于分类

（例如，人体的各个系统、反应类型、水体分类、电路的组成、力的组成、物质的组成。）

101 要发挥思维导图对深层学习的作用，学生们要做的绝不仅仅是把信息填入导图。相反，他们应该把注意力放在导图中的箭头和连线上，它们反映概念之间的关联。

科学论述

在科学界，每一个发现，每一条理论、原理和法则都离不开科学论述。科学家参与研究、收集和分析数据、做出推断，都必须建构和捍卫自己的科学观点。通过同行间的言谈，科学家参与到评估、修正和强化他们对宇宙中各种科学现象的理解过程中。小到细胞学进程，大到满天星座，我们对万物运行的理
102 解都从科学论述中来。因此，深层的科学学习应当投入大量课堂时间，让学生做出科学论述，促进学生之间的互动（课堂讨论，效应量为 0.82）。科学论述应当是定性的表达，与表层学习阶段的科学解释有所区别。在科学解释中，学生们要从特定的内容里建构意义，通过形成前后连贯一致的表述来掌握新思想。而在科学论述中，学生们要提出观点，用证据去佐证观点，彼此协商并努力达成对科学思想、理论和原则的一致理解。例如，学生之间讨论温室气体的概念（表层学习的解释），不同于用数据和实证去支持或反驳“全球变暖是人类活动的后果”这一论断（深层学习的论述）。

为了使深层的科学学习通过科学论述变得可见，合作学习任务必须具备以下四点特征：

103 • 包含复杂的科学思想，学生们因此必须合作应对，而且为了完成任务，会提出各自坚信的种种观点或视角。复杂度低的任务会导致学生各自为战，或者草率地“挑选”一种立场，但这中间并没有情感因素。此外，任务的复杂度也必须和学生小组人数匹配，如果学生人数太多，就会有人游离在讨论之外。

• 允许持不同意见的学生相互争论，相互协商理解，用推理和实证来支持观点，最终达成一致。

• 提供充分的语言协助，让学生“词可达意”。这可能意味着教师要带领学生回到表层学习阶段，即开展词汇教学，提供句子大纲，或者教师亲自示范。

104 • 个人责任制和小组责任制双管齐下，使学习对师生可见。此外，这种责任制度还能避免发生一人包办全组任务的情况。

若能够满足以上条件，教师就做到了帮助和支持每一名学生通过论述来思考，而不仅仅是搭建一个出声思考的场所。但是，这种互动需要结构化的支持，才能确保学生聚焦于眼前任务，展开公平公正的论述。在科学论述中，以下手段可以为学生提供支持：角色卡、贡献清单、个人责任制。

角色卡

角色卡给合作小组中的每一名成员都分配了清晰且结构化的任务。讨论组的规模可大可小，最终取决于教师的安排，但是每组三四个人是效率最高的（Lou et al., 1996；Marzano，Pickering，& Pollock，2001）。表 3.3 展示了讨论组中角色和任务分工的一些示例，其中包括：讨论指导者，或者叫组长；大概念凝练师， 105
或者叫摘要员；词句大师；绘图员；重点提示员（Howard，2010；Johnson D.W. & Johnson R.T.，1999；Wilfong，2012）。在讨论组中具体分配哪些角色，是由所学科学内容的性质及揭示概念间关系所必需的论述水平共同决定的。

学生被编入小组并领取角色后，教师应当提供充足的完成个人任务的时间。

表 3.3　讨论组中角色和任务分工示例

角色	任务
讨论指导者 （或组长）	指导、领导和引导合作讨论，监督讨论期间的课堂秩序。 提出一组涉及批判性思维的问题（不是是非判断题，也不是用一两个字就能回答的问题），鼓励小组成员在内容、时事、其他课的主题和个人生活之间发现联系。
大概念凝练师 （或摘要员）	列出讨论过程中强调过的大概念。 画出或写出所学内容的摘要。 负责帮助各位组员总结其视角和观点。
词句大师	找出关键术语或概念。 为每个术语或概念准备一段描述。 为每个术语设计一个视觉符号。 找出每个术语的具体例子。 安排每个术语或概念的所在位置，或提供更多相关信息。
绘图员	设计整个学习材料的概念导图。 解释为什么这些概念在图上相互联结在一起。
重点提示员	指出重要的阅读材料、章节或段落。 用标签在这些段落上做好标记。 证明为什么选择这些篇章和段落。

把学生编入合作任务小组的方法之一是轮替排名法（alternate ranking; Fisher，Everlove，& Frey，2009）。轮替排名的依据是学业评价的数据，以及学生对具体学习内容的具体学习需求。需要重申的是，教师运用此方法对学生进行灵活分组，必须先掌握学生思维和学习的相关证据。

教师可以先用学业评价的数据，即根据学生在某次具体评价中的表现对其做初步排名。从名单上的第一名开始，教师根据学生在评价中的表现回答如下
107 问题：该生在本课教学中能够取得学习进步吗？如果是肯定答案，教师就依次往下看后面的学生。当看到有学生通过本课教学不足以达到学习目的和成功标准时，就在该生的名字上方画一条线。接下来，把视线移到名单末尾的那名学生，教师要根据该生在评价中的表现回答如下问题：该生需要很多的支持才能取得学习进步吗？如果答案是肯定的，那么就依次往上看。当看到有学生不需要太多的支持，但是也无法通过本课教学实现预期的学习收获时，就在该生名字下方画一条线（Fisher et al., 2009）。经过这个过程，学生被分成了三个组，各组对本课的具体学习内容有不同的教学需求。

要留意的是，万不可让学生在本单元、本学期甚至本学年的后续学习当中仍被安排在这些组中。否则，那就成了按能力分组，这种形式的按能力分组（效应量为 0.12）应当尽量少用，因为它会导致基于能力水平的混杂后果。轮替排名法是一种灵活的分组策略，以学业评价数据为依据，以学生对具体内容的教学需求（干预反应法的效应量为 1.29）为基础。因此，这是根据具体需求、面向合作学习所做的分组，而不是根据泛化的标签或者学生能力所做的分组（不给学生贴标签的效应量为 0.61）。一个不需要任何额外支持就能领会细胞学进程的学生，可能发现自己需要他人帮忙才能明白陆地生态系统或水域生态系统中的生物因素和非生物因素。另一个学生可能对串联电路和并联电路驾轻就熟，但是在理解能量转化时需要别人给予更多的帮助。在这两个例子中，学生分组都会有所变化，因而分组是灵活多变的。

贡献清单

教师可以列出清单，告诉学生他们在科学论述活动中可以做出哪些贡献。清单中可以涵盖以下学生行为：提问题、检查同学的作业、督促小组执行任务、尊重并鼓励同学、确保答案说得通、确保每个人都能解释推理过程、联系已学内容。这张清单还可以包括更多针对具体任务——例如“检查各个单元”——

的角色。上述学生行为可以罗列在海报纸上，也可以投到大屏幕上，还可以贴在学生们的课桌上，或者塞入课桌上的桌签壳子（课桌上的便宜塑料壳，可以使纸张保持竖立，位于学生的视线内）。图 3.14 是一张清单示例。 108

你是否考虑过……

- □ 向别人提问题，帮助他思考？
- □ 检查自己和同学的作业是否准确？
- □ 督促全组执行任务？
- □ 尊重并鼓励他人，给出积极的评价？
- □ 确保答案能说得通，如果说不通，指出其原因？
- □ 确保每个人都会解释这个答案是怎么得出来的？
- □ 在这个问题和其他各类问题或任务之间发现联系？
- □ 大致画出你们正在尝试解决的这个问题的视觉表征？
- □ 换个思路解决问题？
- □ 向你的同组成员提供解决问题可能用得上的新工具？
- □ 在这个任务和你的实际经验之间发现联系？

图 3.14　贡献清单示例

教师必须帮助学生提高必要的能力，让他们学会督促同学对自己的思想、观点和视角负起责任。提供问责提示和亲身示范都能传递大量的信号，让学生明白教师对课堂讨论的期望。下面是一些教师可以使用的提示手段（Michaels，O’Connor，Hall，& Resnick，2010）：

- 评价对话——“这个观点很重要！”
- 挑战学生——“你对塞缪尔刚才提的问题有什么看法？”
- 聚拢集体——“谁能用自己的语言复述一下雷切尔刚才说的话？”
- 保持开放——“每个人都听见刚才说的了吗？杰茜卡，你能复述一遍吗？” 110
- 联系贡献——“凯尔西，你能结合奥利弗刚才的建议，说出你的想法吗？”
- 强调准确——“我们可以在哪儿找到它？”
- 强调推理——“你为什么这么想？”
- 以先前知识为基石——“塔拉，你的想法和我们学过的知识有什么联系？”
- 核实与澄清——“我想确认一下自己理解得对不对。你说的是不是……？”

如贡献清单一样，使这些提示措施对教师和学生可见，就提供了一条有效开展公平公正的讨论的线索（见表 3.4）。

表 3.4　提示及其示例

提示	示例
强调清晰性和解释	• 能描述你的意思吗？ • 能举个例子支持你的观点吗？ • 能告诉我更多和你的思考有关的信息吗？
要求证明其方案和提出挑战	• 你从哪儿找到的信息？ • 你如何知道？ • 你如何证明你的观点？
指出并质疑错误概念	• 我不同意，因为…… • 你是否考虑过另外一种情况，例如…… • 我认为这里有误解，具体来说……
要求说出观点的证据	• 你能给我举个例子吗？ • 你从哪儿找到的那条信息？ • 这个证据如何证明你的观点？
解释并引用其他人的陈述	• 戴维刚才建议…… • 刚才我听到马拉说…… • 我在考虑杰克逊的想法，我认为……

个人责任制

如果要采取个人责任制，你可以采用的首要的（可能也是最简单的）一个问责操作就是让学生在科学讨论的过程中完成并上交成果。例如，可以要求学生必须画完一张概念导图或思维导图，还可以要求学生对讨论做出书面分析。让学生用上交的成果记录小组的思考过程，并不能够保证每个人都完成了学习，但是这种做法确实能提高取得积极效果的可能性。轮流书写是其中的一种方法，每个学生拿一支不同颜色的马克笔，他们必须在同一张海报纸上记录下自己对讨论的看法，或者是对于问题的反馈。前面的问题提纲可以作为这一方法使用的起始点。只消浏览一遍，你就能看出来谁贡献了思想，贡献的程度如何，以及他们需不需要更多指导。如果学生们必须产出一些东西，那么他们就会更多地思考自己要写什么，批评或采纳其他人写下的推断，而不太会置身事外。

一部分学生可能需要时间来组织思想，或者在参与同伴活动之前先独立思考一会儿。遇到这种情况的话，教师可以给予学生思考的时间，使他们能够先自己回答下述四个问题，然后再加入小组活动。

- 这个问题问的是什么？ 111
- 题中给出了哪些有用信息？
- 还有哪些信息会有帮助？
- 答案大概会是什么样的？

无论学生们能否回答出这四个问题，把时间花在这四个问题上都能够增加他们深度合作的可能性。学生们可以用写作的方式，或者用建立模型、绘制图表或绘制思维导图的方式来回答问题。教师运用多重表征，使得学生对后续活动的准备更加充分，而且鼓励他们随后就如何结合各种表征形式展开对话。这段个人探索时间，通过确保每个小组成员都有可分享的思想，为实施个人责任制做好了铺垫。

个人责任制还可以通过任务设计实现。例如，希瑟·比尔科（Heather Birko）所教的 4 年级学生正要学习生物群落和生态系统。各小组有很多任务要完成。第一项任务是针对他们认领的生物群落写一篇报告，准备一段小组展示，在大屏幕上播放。各小组要合作完成报告和展示材料，老师还给他们发了角色分工表。除此以外，每个学生还必须从自己的生物群落中选一种要深入研究的动物或植物。老师提供的表单当中，需要填写关于这种动物或植物的信息，包括它生存于这个群落的原因是什么、它能不能在其他的群落中生存、其种群的相关数据，以及对该植物或动物未来命运的预测。

交互式教学

上述各种高影响力教学策略有一个共同点，那就是由学生掌控学习。无论是绘制概念导图或思维导图，还是准备与开展科学论述，那些场景都是通过让学生积极而审慎地参与科学内容的发现与理解过程，使他们掌握主宰权。不仅如此，学生还要对参与科学讨论的同学负起责任。结果是学生们获得了很多扮演教师角色的机会，实现了同伴互教。换句话说，交互式教学就是允许学生们
相互教学（效应量为 0.74），这对学生学习有很大的影响力。这些教学策略营造 112
了一种鼓励学生针对所学内容提出问题，并运用科学过程技能去解答问题的课堂环境。

教 1 年级的伦纳德老师（Mrs. Leonard）正是这么做的。在过去一年中，伦纳德老师给予学生非常多的学习时间，让他们自己做出预测、总结自己的学习、澄清认识和归纳问题。虽然科学板块仅占用学生学习的部分时间，但是伦纳德老师也利用数学板块和阅读板块帮助学生们发展了与科学相关的技能。今天，她将要通过交互式教学使学生更为深入地理解如何借助科学过程认识季节变化，学生们将要分析并解释与日出、日落和季节相关的数据。

根据上述的轮替排名法，学生们被分成几个合作学习小组。伦纳德老师告诉学生们，他们将要做出预测、总结自己的想法、澄清他们的解释，然后形成关于科学数据的问题。她展示了一幅数据图（见图 3.15），为学生做出示范。

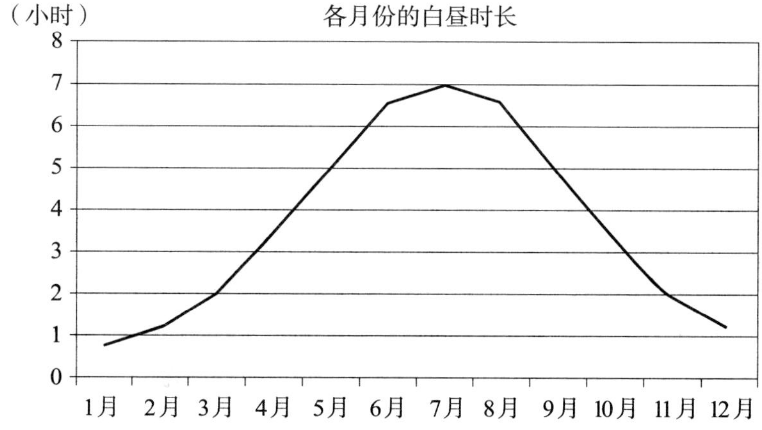

图 3.15　向学生展示季节变化的示意图

113 伦纳德老师示范了每个科学过程技能的教学方式。她总结图中所示数据，预测收集数据的地点，说明从数据中观察到的规律，然后围绕这组数据提出一连串问题。伦纳德老师给每个学生发了一张图，它们是根据从地球上不同地点采集的数据集绘制而成的。每个学生因此得到了一次在小组中运用自己领取的数据开展科学过程技能教学的机会。

交互式教学要发挥作用，学生们必须在表层学习的水平上理解四个科学过程：预测、总结、澄清和提问。如果学生们不理解这些认知加工过程，那么这一教学安排就不大可能进行下去。如果能顺利开展，那么学生们就和同学、教材之间实现了密切互动，他们从中发掘出许许多多的信息，并把新学与故知相互联结（Rosenshine & Meister，1994）。

基于探究的教学

基于探究的教学的总体效应量为 0.40。当然，这个数据小于学生一个学年成长的效应量。其效应量之所以相对较小，部分原因在于使用此方法的时机。在表层学习阶段开展基于探究的教学，不会有什么效果。然而，在深层学习阶段使用它，就能为学生们营造一个积极而审慎地参与科学内容的发现与理解过程的环境。时机很关键。

基于探究的教学包括：（1）引入；（2）拟定若干问题；（3）选择一个问题；（4）同伴合作；（5）解答问题；（6）分享发现；（7）评估和评价。专家型教师了解他们的学生，会运用从课前评价中获得的数据，抓住学生需要返回表层学习的时机并给予及时干预，从而调整或优化其教学。

诺德老师（Mr. Knod）通过引导 5 年级学生开展学习活动，确信已经为唤醒学生的先前知识、铺垫必要的背景知识付出了充足的时间。学生们已经为观察和测量做好了准备，可以依据数据为矿物分类（NGSS Lead States，2013）。他们必须已经认识了有关各种矿石的物理性质的关键词，并对一些相关基础知识有所了解（NGSS Lead States，2013）。诺德老师非常清楚，在探究活动期间，114
他的学生可能需要重新温习和辨析相关词汇。活动一开始，学生们被编入四个小组。诺德老师让各组起床最迟的那个孩子到前面来领取活动所需材料。材料筐中装着以下物品：一块玻璃板、几块矿石、一块条痕板和一面放大镜。教师给出少量提示后，各组就要开始在教师指导下对筐中的矿石进行调查，并讨论他们的发现。

在讨论结束之后，诺德老师在教室里走了一圈，分给每组一个袋子。在分袋子的同时，他对各组描述了如下场景："由于你们拥有关于岩石和矿物的渊博知识，本地博物馆聘请你们去工作。你们吃完中午饭，回到工作岗位后，主管交给你们一块矿石，说是在地板上捡到的。那块矿石就在我刚才给你们的筐子里。矿石上没贴标签。你们小组必须说明，将要通过什么方法正确地辨别出那块矿石。运用你们已知的矿石性质来完成任务吧。"

在学生们开始行动前，诺德老师还要接着沟通学习目的和成功标准。他提醒学生们运用贡献清单和问题提示单，要保证整组合作完成调查，而且，他强调希望学生们根据物理特征来辨别矿石，在解释时也要用到该单元直接教学环节中重点学习过的关键词汇。

要确保学习对教师和学生都可见，对其重要性再怎么强调也不为过。基于探究的教学是一种有意识、有目的的教学设计，用于学生们已有条件更独立地探索学习内容的情形。要对学习进行激励和支持，但不能局限于直接教学中那种结构化的风格。假如教师做好了课前相关经验的引入，通过真实场景激发起了学生的好奇心，又检验过学生的理解水平，他们就会满怀信心，通过必要的提问，就可以让学生们自己探索学习的旅程。

科学过程和科学思维

随着学生们揭示出一个主题之下的术语、概念和思想之间的关系，他们也对揭示这些关系所必需的科学过程技能进行了深层学习。举例来说，学生们不
115 再从单一视角或多重视角去分辨物体的性质。为了理解科学内容中的关系，科学过程技能必须提供相应支撑。学生们必须进行观察，从观察结果中发现问题。这是对观察的意义的深层理解，它要求学生明白观察行为与其对观察的解释之间的关系。表 3.5 在上一章 SOLO 分类水平的基础上追加了一个水平，从表层学习往前迈出一步，进入深层学习。

表 3.5　SOLO 分类水平：科学过程和科学思维的表层学习与深层学习

SOLO 水平	学习目的	成功标准
单一结构水平	我理解通过直接观察可以认识物体的特征。	我能用自己的各种感官，辨别物体的各种性质。
多元结构水平	我理解可以用多种视角来观察。	我能从不同角度描述一个物体。 我能说出用不同视角观察同一物体的差别。
关联水平	我理解观察能为提出科学问题提供所需数据。	我能联系自己的预测和科学问题去进行具体观察。 我能描述观察和提问之间的关系。

对科学内容知识的深层学习与对科学过程技能的深层学习密不可分。科学
116 过程包括观察，分类和排序，沟通，测量，预测，假设，推断，操纵实验变量，设计、构建和解释模型，阐释、分析和评估数据，它们都有深层学习阶段。让我们结合深层学习，深入检视其中两种具体的科学过程技能：（1）阐释、分析和评估数据；（2）设计、构建和解释模型。

阐释、分析和评估数据的进阶

1. 发现活动中产生的反常或非预期结果。

2. 观察，并通过简单图表、文字叙述和数字对数据进行记录、分析。

3. 对数据进行分析，以找出非预期的或反常的量化数据。

4. 找出非预期的或反常的量化数据。

5. 找出实验结果中矛盾或反常的数据。

6. 对数据进行收集、记录、分析，运用适当的图示表征和度量衡进行相关沟通。

7. 发现数据中的规律，对其做出解释和评估。

8. 用数据表格列出自变量、因变量、衍生变量和实验次数，并做出解释。列出描述统计量的表格，呈现各个具体的量的集中趋势、数据分布范围和重复实验次数，并做出解释。

9. 在分析数据后得出可靠结论。

10. 制作各种数据图表、图示、模型和文档，并做出解释。

11. 根据记录在案的定量和定性数据，形成结论。

12. 提出其他可能的科学解释和模型，并进行分析。

13. 探索各类数学运算，包括国际单位制、科学符号、线性方程、图形运算、比例运算、有效数位和因次分析。

14. 运用模型和模拟工具，使现象可视化并进行解释，从假设中做出预测，并解释数据。

（引自 VDOE，2012）

学生们从只关注单一数据点和它们的意义（单一结构水平），进步到开始寻求方法去整理和联通多个数据点。当学生们对这些基础性的科学过程技能（收集、整理和展示多个数据点）驾轻就熟以后，他们就已经具备了从数据中找到关联的能力。要做到这些，学生们必须能够正确地选择最有助于找出关联或规律的数据表征形式。此项科学过程技能的学习进程如表 3.6 所示。

表 3.6　SOLO 分类水平：辨析数据间关系的技能

SOLO 水平	学习目的	成功标准
单一结构水平	我理解通过观察可以获得数据。	我能记录观察所得数据。
多元结构水平	我理解可以用多种方式整理和联结数据。	我能用图表、文字叙述和数字形式等表示数据。
关联水平	我理解可以通过分析数据来发现规律。	我能解释各类数据之间的关系，而且会用最佳形式表示数据。 我能运用自己制作的数据表征来描述规律。

建模能力也有相似的发展过程。学生们深入理解科学现象时，很可能遇到无法接触到所谓“真家伙”的情况（例如，核聚变、原子结构、催化过程、天文单位）。因此，他们只有建立起科学现象的实体模型或数学表征，才能达到深层学习的目的（Gilbert，2004；Gilbert，Boulter，& Elmer，2000）。模型的用处包括：（1）形成科学思想或科学概念的具体或者简化的表征；（2）使学生看到那些事实上无法在课堂环境中观察到的科学原理；（3）为解释和讨论科学思想提供依托（Coll & Lajium，2011）。

118 此项科学过程技能的学习进程如表 3.7 所示。

表 3.7　SOLO 分类水平：设计、构建和解释模型

SOLO 水平	学习目的	成功标准
单一结构水平	我理解实体模型可以帮助我表达一个概念。	我能认出一种科学现象的模型。
多元结构水平	我理解模型可以帮助我解释复杂思想。	我能用一个模型解释自己的想法。
关联水平	我理解模型有助于我解决问题。	我能选出一种最能帮助我解决问题的模型。 我能建立一个帮助自己解决问题的模型。

设计、构建和解释模型的进阶

1. 设计并制作简单实体模型，用它澄清解释和展示关系。
2. 建立模型以澄清解释、展示关系、满足需求。
3. 用成比例模型估计距离、体积和量。
4. 设计并利用模型和模拟工具说明与解释科学现象及其系统。
5. 建立并利用模型和模拟工具说明与解释科学现象。

6. 利用计算机、探测设备和地球空间技术等技术手段，收集、分析和报告数据，并用其说明相关概念、模拟实验条件。

7. 阅读和解释地图与地球仪，包括根据经纬度确定位置。

8. 提出其他可能的科学解释和模型，并进行分析。

9. 运用模型和模拟工具，使现象可视化并进行解释，对假设进行预测，并解释数据。

（引自 VDOE，2012）

正如前文所说，学生参与科学的思考，必须以掌握做科学研究的基础知识为根本。科学过程技能的发展和进步，要通过有目的地、精心地设计学习活动来实现。在让学生深度参与科学过程之前，务必使其先具备相关的基础知识。

反　馈

让我们回到前一章出现过的关于反馈的示意图（见图 3.16），其中对有效反馈的定义是在学生当前水平和目标水平（学习目标和成功标准）之间填补差距的信息。有效反馈是关于学习的信息，它提醒学生正在学习的是什么、如何取 119
得学习进步，以及下一步要怎么学。

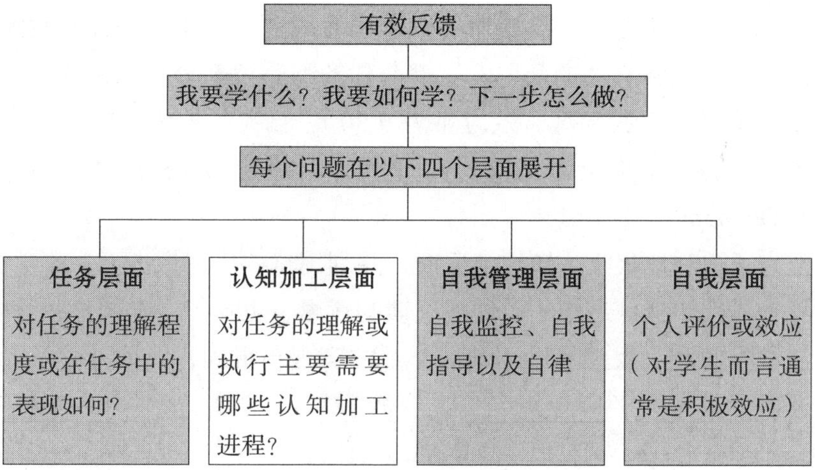

图 3.16　有效反馈

资料来源：根据 Hattie & Timperley（2007）整理。

对深层学习阶段来说，认知加工反馈非常重要，因为学生在此阶段要探索
120 科学内容知识的来龙去脉和如何运用科学过程技能。在这个学习阶段，学生们已经很清楚概念的外延和彼此之间的区别，也能区分一个例子是不是与特定概念有关系。他们在表层学习阶段已经吸收了任务反馈中获得的信息，形成了对沸点、熔点、电离能和电子亲和性等概念的理解。对于地震和摩擦力的例子来说也是如此。但是，要推动学生再往前一步，超越“对与错”“是与非”，就必须使他们获得以完成具体任务所需要的认知加工或策略为重心的反馈。

认知加工反馈能为学生的自我解释、自我监控、自我提问和批判性思维提供支持。例如，教师可以不告诉学生他（她）把摩擦系数算错了，而是向他（她）提问，以了解其计算策略。教师还可以不去管地壳板块运动与地震之间关
121 系的问题的正确回答是什么，而是问学生“你怎么解释自己的答案呢？”认知加工反馈的关注点在于思想之间的关系、学生对答案或解决方案的合理性的评估策略、使学生明确地从错误中学习，以及帮助学生发现完成任务的多种不同方法。

认知加工反馈应当是具体的、建设性的，应当帮助学生逐渐学会自我管理反馈。换言之，学生们要在不知道做什么且教师不在身边的时候，也知道自己该怎么办。有效反馈不仅仅以其类型（任务反馈、认知加工反馈和自我管理反馈）为特征，反馈的具体性和建设性也是其特征。教师是否通过有策略地提出与学习过程有关的问题，对学生有所提示？哪里出错了，其原因是什么？学生用的是什么方法或策略？什么是对答案、回答或解决方案的解释？教师还能提
122 出哪些其他的与任务有关的问题？这部分任务与其他部分有什么关联？这些提示都能使学生进行自我解释（效应量为 0.50）、自我监控（效应量为 0.45）以及自述解题步骤（效应量为 0.41）。以上几个效应量都与深层学习的巩固相关（Hattie & Donoghue，2016）。

学生为了顺利地吸收认知加工反馈，并利用这些反馈做出下一步学习决策，就必须具备基础知识，这样才能理解反馈的意思，也才能做出调整并继续进步。有效反馈和有效利用反馈有助于深层学习的实现与巩固，并推动学习者向自我管理迈进。

小　　结

当教师们意识到课堂上学生们的思维和学习正在进步时，他们必须对学习活动做出精细调整，以提供相应支持。在入门阶段，学习与巩固科学术语、思想或概念，代表着内容知识和科学过程技能的量的增长。而当师生都看到表层学习取得的成功以后，就可以通过加深知识来“撬动”学生已知的东西，关注学习的质的方面——“为什么”和“怎么做”。与特定的科学内容相关的必要的基础知识，以及学生主动运用知识所需要的科学过程技能，必须在详尽阐述入门学习内容的学习活动或任务中派上用场；必须使学生积极而审慎地运用数据和证据去发现与理解事物背后的科学原理；必须摒弃视各种思想为互不相干的科学现象的看法。当科学学习对教师和学生都可见时，这种可见性会载着学生再向前进一步，即把所学内容应用于崭新的情境，或用来解决新问题——这就是我们下一章要讨论的迁移。

反思问题

123

1. 思考你所教年级的科学课主题。每个主题的深层学习阶段是什么？如果用 SOLO 表格来呈现，关联水平是什么样的？你会用哪些具体策略帮助学生积极而审慎地运用数据和证据去发现与理解事物背后的科学原理？

2. 你如何判断学生进入了深层学习？你会收集哪些证据？你会和学生分享这些证据吗？为什么？

3. 你的学生有多少机会使自己的思维可见？学生有多少机会用概念导图或思维导图展示自己的思考？你能用哪些策略来增加学生展示科学术语、思想和概念间关系的机会？

4. 在你的课堂上，提问的作用是什么？你如何示范科学中的自我提问、自我对话和批判性思维？你是否鼓励学生对同学提问和展开论述？你能用哪些策略来鼓励学生以提问的方式给同学反馈？你会给学生提供哪些工具，以辅助同学之间的提问和反馈？

125 # 第 4 章　让科学的迁移学习清晰可见

126 将学习迁移至课堂内外的不同情境或问题当中，是科学教学和科学学习的终极目标。使学生掌握在不同情境中运用科学内容知识和科学过程技能的能力，是在为其创新搭桥铺路。迁移要求学生吸收的是可应用于不同情境或问题的科学知识与科学过程技能的恰当组合。学生只要成功地整合所学知识和技能，就可以解决诸如太空垃圾、太平洋垃圾带、气候变化、濒危物种和水资源短缺等问题。要成功解决这些问题，他们必须做到：（1）扎实地理解必要的科学内容；（2）理解众多科学内容之间的复杂关系；（3）试验并辨别在不同情境中可能有效用的知识与技能组合。

让我们思考一下系鞋带这个行为。当你还是个刚开始学穿鞋的小孩时，这是个费时费力的细心活。但是本书的绝大多数读者如今都可以系任何一种鞋的带子，从运动鞋到雪地靴，无论自己穿的是哪种鞋，或是给孩子系鞋带，又或是帮其他人系鞋带，都轻而易举。为什么呢？因为迁移。我们大多数人都深刻地理解了鞋、鞋带和系鞋带的过程。我们已经“过度学习”（overlearned）了如何系鞋带，此项任务不再需要占用工作记忆，它已经自动化了。我们还理解了鞋的种类、鞋带和系鞋带的各个分解动作之间的关系。最后，我们还拥有在各种不同情境（运动鞋、雪地靴、带魔术贴的鞋等等）下试验和辨别可能有用的知识和技能组合的海量经验。这个例子很可能也已经使你理解了学习迁移的概念，因为在阅读这一段时，你已经进行了一些迁移。通过举出这个例子，我们在已学任务（系鞋带）和一个不同的情境或问题（科学教学和科学学习）之间建立了紧密的联系。这对于促进迁移是必要的一步。

系鞋带的例子之所以有效，原因是多方面的，而且它们都和促进学习迁移的各种方法有些关联。第一个原因是，几乎每一个成年人（当然更包括每一个
127 孩子家长）都有这种经验，因而可以立马形成联结。即使你没有小孩，作为教师的你大概也给孩子系过鞋带。而且你很可能在出席家长会的时候系过领带或丝巾吧，道理是一样的！如前所述，在已学会的任务和新情境之间形成紧密联

结，是促进学习迁移的必要一步。第二个原因是，其中包含一个类比，此例中比较的是系鞋带和复杂学习。但是，如果我们对一个从未穿过鞋，或者从来没有穿过有鞋带的鞋的人举这个例子，肯定会失败。实现迁移的限制因素之一，就在于学习经验要和学生的知识基础相匹配。对于丝毫没有关于鞋或鞋带的知识基础的人，我们就需要换一个例子。这也引出了第三个原因：在促进学习迁移的时候，了解学生的发展状况和经验是至关重要的。

然而，除此之外，可能还有一个最关键的因素：我们具有辨别两个情境之间异同点的认知能力和元认知能力。在系鞋带之前，我们就知道关键的差别在于鞋的类型、鞋带的类型、鞋带的长短和鞋上究竟有没有鞋带。辨别异同的能力对于迁移是很重要的——假如缺乏这种能力，我们就会从前一双鞋中迁移错误的思想。那么，一双没有鞋带的“一脚蹬”鞋就会让我们陷入困惑。

在之前的几章中，我们已经花了不少时间举出科学课堂上表层学习和深层学习的实例。接下来我们要重新回到其中几个课堂，看看学生们如何在课上实现学习的迁移。关于学习迁移，有以下几个值得思考的方面。

1. 表层学习和深层学习对于迁移都是必要的。如果学生对于特定主题的基础知识没有做到深度理解的话，就不可能发生迁移。

2. 浅表的学习，或者太过局限于具体情境的学习，都会降低迁移的成功率。换句话来说，如果学生没有积极主动地去揭示科学概念之间的关系，那么迁移就不太可能会发生。

3. 迁移是一个学生积极主动的过程，它源自对于学习任务的精心挑选，这些任务可以给予学生显而易见的在新情境中开展迁移学习的机会。

在科学课中，迁移学习是把关于科学法则、科学原理、科学理论和科学现 128
象的学习，推进到运用这些思想解决不同情境中的问题的过程。那些不同的情境多是跨学科的。例如，生物课的学生可能学习了细胞学进程——尤其是分子穿过细胞膜的扩散、渗透和移动（例如，蛋白质分子的移动）。这些基础知识是肾透析技术取得新进展的关键。肾透析的创新，是把相关科学思想中的基础知识、科学过程和复杂关系（例如物质穿透细胞膜的运动、细胞学过程和人体生理过程），迁移运用于维持生命的透析技术上。这一迁移之所以可行，是因为迁移者经过了扎实的表层学习和深层学习，而且拥有强大的认知能力和元认知能力，可以辨别这些思想和肾功能失调之间的相同点和不同点。

从其他学科的角度来看，学生获得函数运算相关的数学知识并熟练掌握其步骤，是成功建立科学模型的必要基础。在 5 年级课堂上，教师要求学生们画出三个不同物质的质量–体积关系图。为了收集绘图所需要的数据，各个合作学习小组必须操纵自变量，即改变每种物质的体积，然后测量相应的质量。当他们把三种物质的数据都画到同一张图上（见图 4.1）后，教师让学生们解释这张图，并说出每种物质的密度。

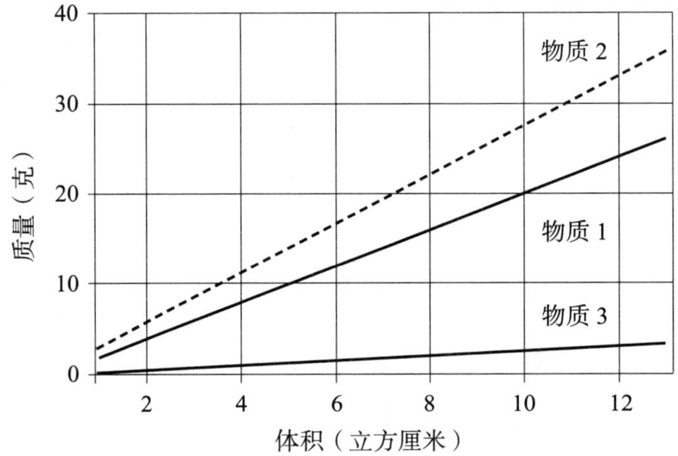

图 4.1　三种物质的质量–体积关系图

为了成功地画出这张质量–体积关系图，分析数学模型，并且解释质量和体积的关系，学生们必须把学习过的线性函数及其斜率迁移到特定物质的密度计算上来。

迁移学习

科学课的终极目标是迁移。作为科学教师，我们希望学生们可以把表层学习和深层学习中获得的知识和理解迁移到新的情境当中。我们并没有不切实际地期望课堂上的每个学生都成为科学家。因此，这种迁移既可以表现为耕耘科学研究事业，也可以表现为成为卫生医药领域的实践者，还可以表现为成为一名具备科学素养，能把科学学习成果应用于日常生活（例如，废物回收再利用、参与相关的投票等等）的见多识广的公民。哈蒂（Hattie，2009）解释说，迁移学习是学生们根据自己的需要建构知识和现实的各种方法，是表层和深层的认知与理解的结果。随着学生学习进程不断推进，各阶段之间并非界限分明，而且学生通常不是直线前进的。前文提到过，学生可能不得不回过头，对特定的科学内容进行必要的表层学习。而且，迁移学习可以在短时间内发生，并激发新的表层学习的需求。例如，学生可能在把所学知识迁移到新情境的同时，提出一个新的问题，而要解决这个新的问题，就需要新的表层学习。第 2 章中，在克罗斯老师的课堂上，7 年级的学生们或许可以迅速地把学会的关于猎豹捕食活动的知识应用到有关建设天然气管道是否会影响当地野生动物的民众讨论中去，然而这种迁移也可能引出大量关于哪种能源既划算又环保的新问题。这很可能激发新的表层学习需求，即学生们需要学习有关可再生能源和不可再生能源，以及能源消耗的经济学的内容。

有人担心科学教学大多停留在表层学习阶段，学生们（尤其是学习困难的学生）要么没能进入深层学习和迁移学习，要么尚未辨明现象之间的异同就进行了迁移。这种情况下的迁移毫无意义，学生们往往把这种挫折视为自己搞不 130
了科学的证据。例如，我们花了太多时间去学习花的各部分名称、识别不同类型的云、用一种算法解物理方程，或是背诵元素周期表。教学和学习任务最好同时在三个层面展开：概念、思维和建构。

迁移不仅是学习的目标，而且是推动学习进入更高水平的机制。说它是一个目标，指的是教师希望学生开始掌控自己的学习，开展元认知思考，把所学知识应用于一系列真实情境。迁移还能使学生跨越科学学习的进程，因为科学思想是跨越年级水平的界限相互支撑的。在迁移发生时，学生们检视自己的“工具箱”，依靠自己的能力挑选适用的“工具”并解决新的复杂难题。学生一旦达到这一阶段，学习就算完成了。

罗斯老师（Mr. Ross）是一名 2 年级教师。过去一个星期，他的学生们已经花了许多时间设计串联电路和并联电路，并评估电路中各个组件的性质。罗斯老师希望，学生们到最后能够评估哪些材料具有最适合作为电路组件（电阻、导线、绝缘体）的各种性质。为了营造迁移学习的环境，罗斯老师任命学生们为调查员。他描述了如下场景：有一些被拆卸的电子器件，或者一些电路，它们的零件都混在一起了。学生组成调查小组，分出各个零件分别属于哪个器件。作为任务的一个环节，每组必须论述自己为什么要这样组装这个电子器件。在课堂上，学生们必须检视各自的“工具箱”，判断哪些内容知识和科学过程技能有助于完成此项任务。而且，学生们还掌握了学习的主动权，他们自己决定了在完成任务的同时形成论述的最佳策略和方法。此外，这项任务还有助于学生学会“怎么做”和“为什么”，学会运用自己有关电路的知识以及分析数据、阐释数据和建构解释的科学过程技能。这又反过来提高了学生回答以下问题的能力：我今天学习的是什么？我为什么要学习这些？我怎么知道自己学会了？

当科学的迁移学习发生时，学生能够在科学的法则、原理、理论和现象之
131 间建立关联，并运用他们对这些关联的理解去解决陌生情境中的问题，同时有意地留意自己的表现。迁移学习的表现形式是学生要求自己澄清问题。他们之所以能这样做，则是因为在深层学习阶段有教师做了如何提问的示范。这是可见的科学学习者的关键特征之一。

可见的科学学习者，或者说具有评价能力（效应量为 1.44）的学习者是这样一群学生：

1. 积极投入科学学习。他们能够通过自我提问、监控自己的学习、掌控学习的主动权，从而审慎地、主动地参与科学学习。在罗斯老师的 2 年级课堂上，学习任务为发生这种学习提供了必要情境。

2. 对学习的下一步有所规划。具有评价能力的科学学习者扮演了主动的角色，因此他们能够规划自己的下一步学习，知道接下来需要往哪里去。回到罗斯老师的课堂，他所教的 2 年级学生很可能知道自己还需要哪些额外的“工具”才能顺利完成任务。

3. 理解同学和老师提出的评价和反馈。具有评价能力的科学学习者能够深刻理解课堂交流中每一句评价和反馈所传递的信息。换句话来说，这些学生知道每一条反馈对做出相应的调整并继续学习的意义。

创建以迁移为目标的课堂环境为培养具有评价能力的科学学习者提供了最好的环境条件。

让我们举个例子，前文提到过一群正在学习质量-体积关系图的学生，他们必须谨慎思考自己应收集哪些信息，如何把收集到的信息用到绘制数据图上，以及要使用哪些数学工具（方程？表格？图？）才能看出质量和体积这两个变量之间的关系（线性函数？指数函数？）。栽培校园小花园的学生必须运用他们关于体积和某些度量衡的知识，才能决定购买多少有机覆盖材料，以铺满整个

园圃。运用与真实情境相关的实例，不仅有利于促进学生的迁移学习，而且能 132
帮助学生见识科学的实用性。

我们来看一看迁移机制如何帮助学生经历这一过程。我们只有清楚地理解了迁移是如何发生的，才能够更好地营造可以确保学生都实现迁移目标的学习条件。

迁移的类型：近迁移和远迁移

科学学习是环形学习，不是线性学习，其实迁移随时都在发生，而不只是发生在一堂课或者一个单元的末尾。事实上，所有的学习目标都是逐渐实现迁移（Bransford，Brown，& Cocking，2000）。我们之所以这么说，是因为教学的目标并非让学生在表层学习甚或深层学习徘徊，而是要确保他们能把所学的东西带到下一个单元、下一个年度以及未来去运用。例如，学生们可能在小学低年级学习植物的组成部分，在小学高年级学习这些部分的具体功能，然后把这些知识迁移到植物的繁殖、光合作用和适应性上面。他们还可能要把这些知识迁移到植物学以外的领域，例如遗传学和生物医药工程。这个例子反映了迁移的两个层面。为了实现这些目标，了解迁移其实是在两个层面上发生的，会很有帮助，这两个层面是近迁移和远迁移（Perkins & Salomon，1992）。

近迁移发生在新情境相对比较接近学生经历过的情境时。比如说，帮助学生熟练掌握科学术语是小学教师最头疼的事。什么是假设？什么是自变量？两栖动物是什么？蛛形纲是什么？昆虫又是什么？原子、元素和分子是什么？经验告诉我们，如果只是要求学生默写术语和记忆定义，效果并不怎么样。但是如果我们从以下做法入手，就能让学生领会术语的含义，并且用不同的表征方式去理解每一个术语：（1）让学生用自己的话去描述，而不仅仅是复述定义；（2）让学生综合运用言语表征和非言语表征；（3）让学生以多样化的方式接触这些单词和概念；（4）鼓励学生讨论这些单词和概念；（5）要求学生用单词做游戏（Marzano，2004；Marzano & Pickering，2005）。

让我们回到第 2 章克罗斯老师的课堂。学生们通过参与猎豹捕食活动理解 133
了猎食者、猎物、食物链和资源稀缺性的概念。当学生们无法获取生存所需的足够“食物”时，他们就明白了生态系统的平衡，以及影响物种生存的各种因素。活动没有到此为止。几个星期后，克罗斯老师又进一步拓展了这些概念，她把猎豹捕食活动和关于自然灾害及人类对生态系统的影响的讨论联系到一起。她让学生们回到讨论的问题上来，例如，如果森林火灾或者人类盖房子导致猎物的栖息地缩小，那么猎食者的物种数量会发生什么变化？如果栖息地的水被污染了，会发生什么？学生们把猎豹捕食的实物表征与随后学习的生命科学的主题联系起来了。克罗斯老师的目标就是逐渐迁移。

又过了一段时间，还在同一年当中，学生们开始探索结构和行为适应、可再生能源和不可再生能源，以及食物网中的能量转化的时候，学生们可以通过把先前经验拓展到新的情境中，实现迁移后的理解。不仅如此，帮助学生深度理解生态系统、栖息地和食物链的全班活动和小组活动贯串了一整年。科学论述活动，包括小组研讨和全班研讨，都聚焦于探寻生命体及其环境，以及生物所需资源之间的各种关系。在表层学习、深层学习和迁移学习之间来回往复，使学生们对这些概念、原理和现象越来越熟悉，这与学生们简单背诵定义和事实相比，产生了截然不同的结果。

远迁移的跳跃性更强一些，因为学生将能够在看上去差别很大的情境之间建立联系。拿第 3 章中伦纳德老师的例子来说，她让学生们参与交互式教学，分析和解释日出日落及其季节性规律的相关数据，学生们开始发现四季的规律。时光快进到更高的年级，学生们开始学习封闭系统中物体之间的能量转化，以及微观系统和宏观系统中的转化。变化这一概念，是科学中的核心思想，它串联起生命过程、物理过程和地球科学过程。如果仅仅告诉学生四季分明的原因，就无法让他们理解生命系统和非生命系统中的动态变化。过去在伦纳德老师课

上学习过的有关变化和转化的经验，包括表层学习和深层学习，在后来都能使学生有机会进行远迁移，把他们的理解运用到以后的科学学习的动态过程中。

尽管这个方法对科学教学和学习有很大帮助，但是我们必须有目的、有意识地审慎规划和落实各种科学学习活动。务必要通过有计划地上课，使概念充分展开，确保把科学思想之间的关系说清楚。

迁移的路径：为短途护航，给远程架桥

如果学生们同时进行近迁移和远迁移，那么支持这种迁移方式的机制是怎样的呢？我们可以为学生提供多层面的支持，创造迁移的机会，我们称之为“为短途护航，给远程架桥”（low-road hugging，high-road bridging；Perkins &

Salomon，1992）。表 4.1 总结了这两种机制，也给出了一些科学课堂上的实例。两种机制之间的区别，在于学生有意识地主导思维过程的程度。在左栏中，教师为学生迁移搭建支持框架。而在右栏中，学生们是用自己的策略和所学知识来主导迁移工作的。

表 4.1 对近迁移者和远迁移者分别采取“护航”和“架桥”的方法 135

促进近迁移的“护航”方法	促进远迁移的“架桥”方法
学生们正在学习应用技能和知识。 学生们能够应用已知的有关循环系统的知识，理解血液供氧。	学生们正在学习建立概念间的联系。 学生们应用已知的有关循环系统的知识，理解有氧运动和有氧运动能力的计算方法。
教师正在联系先前知识讲解新知识。 教师让学生运用关于泵的先前知识，理解心脏的机能。	一名学生正在运用多重表征来说明跨学科或者跨内容领域的联系。 一名学生对比了哺乳动物、爬行动物、两栖动物、鸟类和鱼类的循环系统。
学生们在对信息进行分类。 学生们根据生理系统的结构和机能，对动物进行分类。	学生们根据实例归纳规则和原理。 学生们运用动物分类法，归纳物种的一般特征（内稳态、温血或冷血等等）。
教师有目的地提问。 教师问学生用来解决心脑血管疾病或者循环系统疾病相关问题的不同策略。	学生们用元认知思维进行反思性的规划和组织。 学生依靠自己的力量，尝试用各种不同策略解决与疾病相关的问题。
学生们正在总结和复述知识。 学生们参与一系列与血红细胞、白细胞和血浆相关的探究活动，并证明他们的想法。	学生们正在制作新的原创内容。 学生们运用个人背景经历，编写探究活动，从而把自己的理解应用于新的情境。
教师建立模型，让学生有机会在类似的情境中通过模仿来应用新知识。 学生们建立技术模型，模拟动物的循环系统的结构和机能。	学生们把新知识应用到不相类似的情境中。 136 学生们在动物的血液循环系统和植物（有维管组织的植物和无维管组织的植物）的维管系统之间进行比较。

让我们回到第 3 章中伊斯顿老师的课堂。你大概还记得，伊斯顿老师的学生曾经对于解释一个多细胞生物的细胞分化结构组成并说明这一结构如何支持必要的生理机能感到吃力。关于结构、机能和多细胞生物结构的扎实基础有利于学生形成自动化，也就是说，随着学生不断把这些信息用于其他不一样的情境中，他们将能够做到无须再思考循环系统或呼吸系统的结构和机能，就已经能熟悉消化系统的组成部分、消化食物的各个步骤和人体对维持生命的必要元素的吸收。由于学生们已经通过理解一个多细胞生物的细胞分化结构组成并说

明这一结构如何支持必要的生理机能学习了以上知识，因此他们不仅可以回答《危险边缘》[①] 式的问题，还懂得如何把所学知识应用于不同的情境和问题当中。

对所学的诸如内稳态的规律等的应用，需要高阶思维。如果学生没有深刻理解特定系统的结构和机能，他们就无法把所学知识迁移到新情境当中。许多学生感到学习复杂科学思想是很吃力的事，那是因为他们没有理解其内涵，并且他们没有经过深层学习，而深层学习是把这些思想应用于新的较抽象情境所必需的。

我们必须把迁移看作这样的机制：（1）在年龄特别小的学习者身上也会发生；（2）随着学习者的发展进步，其表现会发生变化。从伦纳德老师的 1 年级学生，到伊斯顿老师的高中生物学科学生，各个年龄层的学生都可以做到对所学知识的迁移，同时变成更加独立的学习者。但是，在科学学习中，我们千万不可忽视错误概念的问题，这是难以避免的挑战。

对错误概念的管理

学生们仅仅通过经验身边的世界，就能加工和组织来源于多种多样的渠道的信息（Rutherford & Ahlgren，1990）。因此，当他们来到我们的科学课堂时，
137 已经形成了世界观。他们的先前观念通常由关于科学现象的零散而幼稚的信念所组成，一般是与被广泛接受的科学观点相龃龉的（Bass，Contant，& Carin，2009）。例如，学生们可能会错误地理解生命体和非生命体、液体、光线、声音和地球科学过程。下面是一部分最常见的错误概念：

- 动物是生命体，因为它们能动，而植物是非生命体。
- 任何流动的物体都是液体。
- 液体蒸发后，它们就消失了。
- 电流在灯泡里被消耗掉了，回到电池的电流比出来的要少。
- 光线从眼睛射出，照亮物体。
- 音量和音高是一回事。
- 吸力导致液体被拉升到吸管里面。
- 地球是平的。

---

① 《危险边缘》（*Jeopardy*）是美国一档益智问答类电视栏目。主持人以陈述句说出答案线索，回答者以“是……吗？”的句式抢答。每期优胜者会获得高额奖金，并可参加下一期节目挑战。——译者注

- 月相是由地球投射到月球上的影子形成的。
- 季节变化是地球和太阳之间距离变化所导致的。（Driver，Squires，Rushworth，& Wood-Robinson，1994）

在学习过程中，尤其是在迁移阶段，教师必须谨慎监控已经主导了自己的学习、开始进行元认知思维并把所学应用于各种真实情境的学生们，避免他们形成错误概念，或者自行证明先前已经具有的错误概念。参与迁移任务的学生可能会认为学习经验证实了其已有的错误观念，而不去吸收那些与被广泛接受的科学观点相一致的信息。通过使科学学习可见，师生能够发现科学推理中的错误，从而促进观念改变（Driver et al., 1994；Wandersee，Mintzes，& Novak，1994）。

师生发现科学推理中的误解或错误以后，教师必须向学生发起挑战，让他们认识到其本人的理论和科学解释与科学观点存在冲突。教师可以通过回到表层学习来解决这一冲突：教师提出具体而有针对性的问题，或者进行对科学原 138
理的直接教学。威胁和说教是无法转变学生观念的，必须让学生花费心思去掌握和巩固科学概念。对于这一点，我们在第 2 章就讨论过了。学生们需要反复钻研自己的思想与准确的科学解释之间不一致的地方，然后才能够认识到自己的思维，并且明白其个人思想与科学概念之间恰当的关系是怎样的（深层学习）。师生合作找出错误概念进而转变观念，紧接着回到表层学习和深层学习阶段，保障了迁移学习得以继续顺利开展。

迁移学习的必要条件

相关性是迁移学习的一个主要条件。为了让学生在迁移学习中付出必需的认知资源，就必须让他们明明白白地看到其中蕴藏的价值。当学生看到学习对于自己生活的意义时，学习才是最富有意义的。学习应该对人有所启迪，适合学生的发展特点，并且对学生的学习生活具有显而易见的实用性。无论目标是近迁移还是远迁移，学生参与迁移的动机和兴趣都取决于任务的情境。此外，清晰的学习目的和成功标准对于促进迁移是必不可少的。清晰地讲解学生正在学习什么、为什么要学这个以及如何知道学会了，对迁移会有帮助。虽然学生在迁移阶段更多的是自主学习，但是他们也需要树立目标和掌握衡量学业进步的方法，这样才能维持其参与度。

许多学生都会碰到一个问题，即他们太急于把所学的东西应用到新情境当中。例如，一个项目化学习活动要求学生们制作一个弹弓，并用它把棉花球弹得尽量远。学生们获得的材料包括纸杯、回形针、橡皮筋、透明胶带、小木棒、细线和一个棉花球。这个令人跃跃欲试的任务促使学生们急于动手制造一个“酷酷的”装置，却不一定符合这个项目化学习任务的要求。教师应让学生们少安毋躁，帮助他们思考一下这个任务与其他物理学场景的异同点，例如简单机械、抛体运动和反作用力，这些时间并非虚度。思考全班所面临的这个问题的
139 特点和实质是什么，以及其他细节，这些很值得关注。其实，我们应该为学生们做出示范，大声说出我们在处理这个迁移任务时的思维过程。有太多的学生，尤其是学习上略显吃力的学生，还没有想过新问题和旧问题的异同，就一头扎了进去。

一组幼儿园老师用一个有关工程设计的挑战性任务，让学生把已学的数学、科学和读写知识迁移应用于解决真实问题。孩子们对一群擅长救援和乐于助人的卡通人物十分痴迷，教师们就参照这些卡通超人设计了一个真实的挑战。孩子们要设计一件只用磁铁就能从一个深坑里推出来或者拉出来的物体，然后还要在班里展示其成果。在救援过程中，他们不许触碰这个物体。教师把全班的孩子们分成几个小组来完成设计任务，他们也可被称为“救援队”。教师们还亲身示范如何通过团队协作实现有效沟通、树立目标、制订时间表并确定截止时间。这些团队协作机能对于迁移学习，包括对于解决很多真实问题，都是十分关键的。每支救援队能获得如下补给：一卷磁性胶带、硬纸板、硬纸板做的管子、剪刀、小纸片、小块织物、彩色美术纸、胶带、小磁铁环、马克笔、蜡笔、铅笔和胶水。救援队不一定要用上所有物品，但是只有这些物品可用。通过设置与学生有关系的挑战，教师们为迁移学习创设了主要条件。教师们的教学目的是让孩子们学会运用设计思维（Crismond & Adams，2012）解决一个真实问题，这要求他们用上学习过的数学、科学和读写知识。

尽管这些幼儿园老师并没有教孩子们如何解决问题，但是他们特意选取的这个问题强调了孩子们已学的数学、科学和读写概念，而且建立在孩子们的先前知识基础上，采取了适应学生发展特点的方式。教师们知道孩子们已经学会了收集、整理和分析数据。

救援队开始行动了，他们用了不同的方法解决问题。有的队伍画出了设计

草图，另一些队伍则先测量磁铁的推拉力度，还有一些队伍用电脑查询不同的 140
设计，评价其效率和有效性。虽然各支队伍的方法殊异，但是所有的孩子都用上了协作解决问题的知识，以及学过的数学、科学和读写知识，目标是设计出一个解决真实问题的方案。

孩子们运用解决问题和推理的方法，提出并检验各种可能的解决方案。实践标准和可用材料的限制（例如，磁铁能承载的最大重量）为其解决方案提供了及时而适当的反馈。教师们在各支队伍之间巡游，针对他们的策略提出问题，帮助他们想出有效的方法，处理有时相互冲突的思路。如果教师发现孩子们忘记了任务中所必需的表层知识和深层知识，那么此情境中的数学和科学问题，就为教师们提供了一个创新方法、重新教学的好机会。在孩子们展示完自己设计的物体并解释了如何把它从深坑里援救出来以后，教师们还可以依据读写标准对孩子们进行反馈。

这组幼儿教师所创造的条件，使得各小组可以思考概念的内涵，尤其是分析问题和提出解决方案，检验各种提议，做出调整并考虑其他方案，这些特点都被认为是正在发生迁移学习的证据（Bereiter，2002）。教师们发现了一个既相关又合适的问题，这个问题以孩子们的先前学习为基础。他们认真地传授了团队协作技能，使得孩子们可以合作运用推理能力。教师和项目本身都提供了反馈，当孩子们有需要时，身边就有教师可以重新再教一遍。

当学生们经历了迁移学习所必需的表层学习和深层学习后，迁移学习的效果最好。如果学生们没有深刻理解特定主题下的概念，或者基础知识不扎实，那么就不太可能实现迁移。要记住，肤浅的学习，或者过于情境化的学习，都会降低迁移的可能性。换句话说，如果学生没有主动去发现科学概念间的关系，那么他们就不可能实现迁移。前文还说到，迁移是一个积极主动的过程，它来源于有目的、有意识地挑选的学习任务，这种任务能给予学生明确的把所学迁移到新情境当中的机会。下面我们将要仔细探讨一种能促进迁移学习的科学学习任务——问题解决式教学。随后，我们将会关注促进科学中的迁移学习的几种方法，包括：

- 沟通； 141
- 操纵实验变量；
- 设计、构建和解释模型。

选择促进迁移学习的学习任务

为了支持迁移学习，教师们必须选择那些能给予学生参与真实学习经验的明确机会的任务。学习经验应当既包含“短途护航”又包含“远程架桥”，并将聚焦点放在辨识任务或问题之间的异同点上。迁移学习者是能够在新情境中运用其对概念的理解，和把概念之间的复杂关系付诸应用的人。我们已经探索过几个迁移学习的实例，其中每个例子都证明了思维的本质。为了投入罗斯老师的电路课或者幼儿园的救援队活动中所期望的那种学习，学生们用上了他们积累的科学内容知识和科学过程技能，并针对新情境对这些信息做了质的改造和应用。

SOLO 分类法中的“扩展抽象”体现了迁移学习的理念（Biggs & Collis, 1982）。我们在前几章的基础上继续推进学习进程（见表 4.2），加上“扩展抽象”这一水平，或者说就是迁移学习。

142 **表 4.2　SOLO 分类水平：推进到迁移学习（扩展抽象水平）**

(a)

SOLO 水平	学习目的	成功标准
单一结构水平	我理解地球表面由几大板块组成。	我能指出板块边界。
多元结构水平	我理解板块边界发生的地质过程。	我能描述板块边界发生的地质过程。 我能描述板块边界发生的特定地质过程。
关联水平	我理解地质过程的类型取决于板块运动。	我能解释板块运动与特定地质过程之间的关联。
扩展抽象水平	我理解数据如何反映我们对于地质过程的认识。	我能用数据描述地质过程。 我能构建地质过程的量化模型。

(b)

SOLO 水平	学习目的	成功标准
单一结构水平	我理解摩擦力与运动是反向的。	我能定义摩擦力。
多元结构水平	我理解运动物体和静止物体都会受到摩擦力。	我能描述静摩擦力和动摩擦力。 我能举例说明静摩擦力和动摩擦力。
关联水平	我理解摩擦力的类型取决于物体的物理性质。	我能解释一个物体受到的摩擦力与其物理性质之间的关联。
扩展抽象水平	我理解初始条件会影响力的相互作用。	我能建立各种初始条件和边界条件下作用力与反作用力的定性和定量模型。

和前几章一样，请注意思维水平和思维本质的变化。在迁移学习阶段，教师也有机会调整学习经验的严格程度（见图 4.2）。

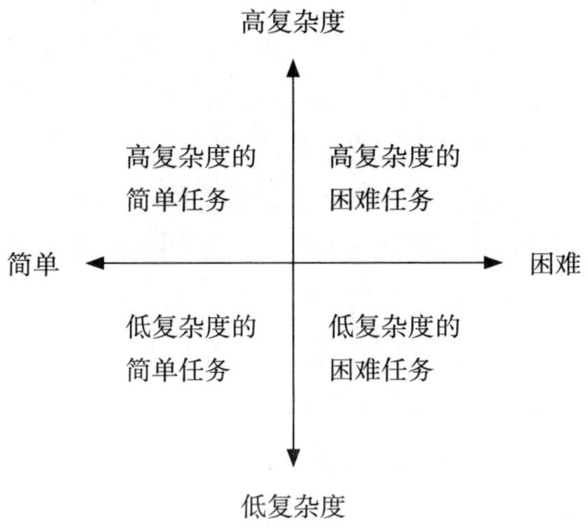

图 4.2　比较难度和复杂度

当学生们参与迁移学习时，应确保他们所做的任务的严格程度适当、适合学生特点，并且时机恰好，这对于成功的迁移至关重要。

回到前面讲过的一个学习任务——制作三种不同物质的质量 - 体积关系图。教师如何能够调整该任务的难度和复杂度，使任务的整体严格程度适合其学生呢？如果说难度指的是学生执行并完成任务所必须付出的努力的话，那么教师可以通过提供更多种物质，或者更多的数据，让学生绘图并分析，从而提升任务难度。教师还可以通过给一部分学生提供已经做好标记的图来调整任务难度，143
这些学生只需要标上数据点，然后计算每条线的斜率。其他学生则必须自己绘图、自己画出横纵坐标，然后再标上数据点并计算斜率。

如果教师有兴趣去调整任务复杂度，或者说任务中的思维水平，他（她）可能会要求学生们用必须经过换算的单位收集数据。例如，数据的单位可能是千克或立方毫米。或者，还可以通过搭配使用纯净物质和不纯净的物质来提高复杂度。增加额外的变量（杂质）要求学生们提高对实验步骤、数据、计算方法的批判性思维水平，并做出推断，以解释数据为什么不规律。

STEM 工程设计任务的难度和复杂度也是可以调整的。在罗斯老师关于电阻、绝缘体和导线的学习任务中，他可以通过给学生提供示意图来降低难度，

144 学生们依然要组装电子器件，并且证明他们的决策，但是不必熟练掌握与电路相关的术语。此外，还应该让那些需要更加熟悉特定组件或器件的学生有机会开展专门研究。这部分学生可能已经为参与难度更高的重组电子器件的复杂任务做好了充分准备。提高任务难度的另一种方法是提供更多的组件和器件给学生去组装。学生们需要操作大量组件，但其思维水平还是一样的。最后一个例子，是从对电子器件的熟悉程度入手。为了提高难度，罗斯老师可以选择学生不熟悉的器件，因此学生不得不去关注这些组件的其他特征。这种做法同时提高了复杂度。教师还可以提供一部分和被拆卸的器件毫不相干的零件，要求学生们必须评估每个物品，从而判断哪些是组装器件时用得上的，哪些零件则可有可无。

上述调整难度和复杂度的做法，同样适用于幼儿园里的磁铁救援活动。改变深坑的物理特性、提供可视化的实例和供应磁力不同的磁铁，都可以改变救援任务的难度。而提供更多材料，包括根本用不上的材料，或者创设一个动态的环境（沙漠、土地或水面），通过增加额外变量和设计活动中的互动性，提高了任务复杂度。

在任何学习任务当中，调整难度或复杂度的决策依据，都只能是学生是否做好了准备。当然，这是通过正式的评价数据来看的，评价数据使得学生的学习和思维对师生可见。有一个重要的方面需要指出，那就是在上述每一个场景中，对特定活动难度的调整保证了全体学生都有参与复杂思维的机会，而不受学生背景或先前经验的限制。英语非母语者不应由于语言不够熟练就被排除在迁移学习以外。针对他们，提高任务难度而保持复杂度不变，可以增强可见的科学学习环境的包容度。同理，对于有特殊需求的学生，帮助他们移除思考的障碍，可以使他们和其他同学一样参与复杂的思维活动。降低任务难度而保持复杂度不变，就能实现这个目的。

145 最后，那些想要增强思维挑战性的学生，可以从复杂度高而难度适当的任务中有所收获。我们不希望那些偏好科学的学生因为把挑战视同为更加繁重的工作而望而却步。

帮助学生实现科学认识的迁移

问题解决式教学

在上一章中，我们已经探讨过如何应用基于探究的教学，以及它如何成功地促进深层学习。在科学教育中，基于问题的学习（problem-based learning, PBL）通常被视为科学教学和科学学习的有效手段。这两种方法及直接教学的成功实践，凸显了科学教师所面临的挑战不仅仅在于发现有效的方法，因为几乎所有方法都在某些时机对某一部分学生有效，尤其当原本的期望只是零增长的时候。相反，我们需要找到使学生的学习加速的有效手段，并且在正确的时机将它付诸实践（Hattie，2009）。基于问题的学习就是其中之一。有证据表明，如果在学习过程的过早阶段使用基于问题的学习，学生们尚未具备充分的表层学习经验，那么其效应量是非常低的，只有 0.15。缺少了坚实的基础，没有理解科学内容和科学过程技能的话，学生就不具备开展这一水平的探究所需要的足够知识。但是，如果在迁移学习阶段运用问题解决式教学，而不是基于问题的学习的话，那么效应量会实现飞跃。传统的基于问题的学习，是在学生获取知识之前就把问题抛出，而问题解决式教学与之不同，是在学生已经深度掌握了知识以后才使用的。

问题解决式教学的效应量为 0.68

问题解决式教学和问题解决过程也不一样。广义的问题解决包括如下步骤：

- 确定问题的成因；
- 从多角度揭示特定问题的相关事项；
- 找出可能的解决方案，分清轻重缓急，挑选一种方案；
- 设计实施计划；
- 评价结果（Hattie，2009，p.210）。

问题解决式教学能帮助学生们参与确定问题成因的过程，从多角度揭示问题的相关事项，找出可能的解决方案，分清轻重缓急并挑选一种方案，设计实施计划和评价结果。

146

以工程设计挑战形式实施的 STEM 活动（Hester & Cunningham，2007），也是一种问题解决式教学，它可以鼓励学生把科学学习迁移到数学、读写、社会研究和艺术的学习上。在工程设计挑战活动中，学生们要拟订问题解决方案，而且要使之符合一系列标准

（我们衡量成功与否的方法），同时也会受到一系列限制（我们能使用的资源）。这就要求学生们在设计挑战问题的各个要素之间，以及这些要素与可从中寻求备选解决方案的科学知识及其他学科知识之间建立联结。例如，施耐德老师（Mrs. Snyder）所教的 5 年级学生们想知道太阳能和各种材料的反射率及导热性能之间的关系。施耐德老师给学生们提出了一个 STEM 设计挑战：制作一个能融化一颗棉花糖的太阳能灶。对太阳能灶的唯一要求就是它必须能站立，承受住一支温度计的重量，同时轻松地装下一大颗棉花糖。各个合作学习小组的成员可以使用任何他们认为有用的材料来解决这个设计问题。但是，他们必须论证为什么选择这些材料。

施耐德老师所教的 5 年级学生们开始了他们迭代式的太阳能灶研制过程，整个过程分好几个步骤。请注意以下步骤和前述的问题解决式教学法有若干相似之处。

1. 通过针对情境提问，明确问题。
2. 探索问题中的各个要素，想象可能的解决方案并制订计划。
3. 制作一个模型或样品，对其进行测试。
4. 反思测试，明确改进方案。修正计划或重新测试。

只要时间和资源允许，这个迭代过程可以一直进行下去。教师可以经常为学生提出设计挑战，通过用心倾听学生们对身边哪些事物感到好奇，就可以发现适合的挑战。前文提到过的例子当中，幼儿园的孩子们可能对磁铁的磁力感到好奇，他们还想知道如何利用磁场移动物体。小学生则可能好奇哪些水果和
147 蔬菜在当地的水土环境下长势最佳。到了高中，学生们的好奇心则往往与他们成年后要解决的难题有关，或者与要为世界上的其他地方提供的某种服务有关。比如说，在马丁老师（Mr. Martin）的环境科学课堂上制订出来的水净化系统方案，就可以应用于非工业化国家。

科学过程和科学思维

学生在把科学内容知识迁移应用于新情境、新场景或新问题的同时，也已经置身于支持此类思维的科学过程之中。让我们回顾一下第 2 章，随着学生们

越来越熟练地进行观察、吸纳从不同视角或不同来源获得的观察结果，以及用观察得到的数据形成课堂上的问题，他们已经具备了在动态情境中处理问题的基本技能，这些动态情境要求他们像真正投身于科学实践一样做出决策。这就是观察能力的迁移——从有控制条件的实验室向实地迁移。例如，现阶段可能会要求学生们不仅对一个栖息地进行观察，而且要选择特定的方法和工具，对该栖息地进行有针对性的观察，从中收集相关实用数据，以解答科学问题。其差别在于学生进行观察的具体环境或情境。在实验室控制条件下（在教室里），教师可以限制变量的数量，或者控制住特定情境下可能产生错误的源头。在精心控制的实验室里判断某个物种的分布密度，其结果与从变动不居的生态系统中现场调研得出的结果相差甚远。在野外，为了夺取生存要素而展开的争斗从不停歇。在高中天文学实验课上收集到的亚原子粒子数据，也与通过西班牙的大加纳利天文望远镜收集到的数据大相径庭。

观察能力等科学过程技能的迁移，要求学生们接纳科学本质上蕴含的不确定性。不确定性来自科学现象的动态性和复杂性、科学仪器的局限性，以及测量中可能出现的偏误。科学学习者要成功面对科学所固有的这些特征，就必须深刻理解科学观察的意义，理解观察、数据和科学质疑之间的关系。除了科学内容知识以外，我们也必须教会学生实现这方面的迁移。表 4.3 在前两章的 SOLO 分类水平基础上延续了这个学习进程，呈现出扩展抽象，或者叫作迁移的这个新台阶上的学习目的和成功标准。

表 4.3　SOLO 分类水平：科学过程和科学思维的表层学习、深层学习和迁移学习 148

SOLO 水平	学习目的	成功标准
单一结构水平	我理解通过直接观察可以认识物体的特征。	我能用自己的各种感官，辨别物体的各种性质。
多元结构水平	我理解可以用多种视角来观察。	我能从不同角度描述一个物体。 我能说出用不同视角观察同一物体的差别。
关联水平	我理解观察能为提出科学问题提供所需数据。	我能联系自己的预测和科学问题去进行具体观察。 我能描述观察和提问之间的关系。
扩展抽象水平	我理解观察受到所使用仪器的性质和使用中可能出现的偏误的限制。	我能评估我的观察结果的信度和效度。 我能解释我的观察的局限性，以及其中潜在的错误源头。

此时很值得注意的是，学习如何“做”科学，或者从事科学研究，要求学生跨越表层、深层和迁移的学习进程。在前两章里，我们关注了一些特定的科学过程，并且用例子说明它们的进阶如何在课堂上体现。所以，在本章中，我们也会举例说明以下科学过程技能的学习进程：

149
- 沟通；
- 操纵实验变量；
- 设计、构建和解释模型。

就沟通来说，应留意学生如何从理解沟通在科学中的意义，发展到理解沟通与其他科学过程的关系。最终，我们期望学生能够把学习迁移到查阅适用的科学文献、选择最恰当的沟通媒介、用数学化的陈述来表达科学问题和形成并捍卫科学观点上来。[150]

沟通能力的进阶

1. 对观察做好记录，绘制示意图。

2. 用图画和语言描述物体。

3. 观察，并对数据进行记录、分析，通过口头交流、简单图表、文字叙述和数字进行相关沟通。

4. 收集和记录数据，利用带数字标度的坐标系绘制图表。

5. 就观察和数据进行沟通。

6. 归集数据，绘制示意图，并分析数据。

7. 对数据进行收集、记录、分析，运用适当的图示表征和度量衡进行相关沟通。

8. 用表格整理数据，呈现重复的实验试次和数据均值。

9. 整理数据，通过图示表征进行沟通，解释数据，并用数据做出预测。

10. 在恰当的位置用科学计数法表示数字。

11. 用数据表格列出自变量、因变量、衍生变量和实验次数，并做出解释。列出描述统计量的表格，显示各个具体的量的集中趋势、数据分布范围和重复实验次数，并做出解释。

12. 用恰当的写作格式呈现实验结果。

13. 用适当的技术手段，包括计算机、图形计算器和调查软件等，归集并分析数据、沟通结果、演示概念和模拟实验条件。

14. 用科学文献展开研究。

15. 形成和捍卫科学观点。

16. 用数学化的语言描述实在的、真实的和现实的问题，从而寻求解决方案。

（引自 VDOE，2012）

从表层学习到深层学习，再到迁移学习，每一种科学过程技能都要经历同样的学习进程。在弗吉尼亚州关于各种科学过程技能的学习进程的专项培养方案中，有些技能是到了 2—3 年级才开始引入的（见图 4.3）。这个年级的学生，才更有可能经历过设计、构建和解释模型等等所必需的表层学习。

入门[1]　　熟练　　高阶

	年级 / 课程										
设计、构建和解释模型	2	3	4	5	6	LS	PS	ES	BI	CH	PH
设计并制作简单实体模型，用它澄清解释和展示关系。（2.11）		1									
设计并建立模型。（3.11）											
建立模型以澄清解释、展示关系、满足需求。（4.11）											
建立模型以澄清解释、展示关系、满足需求。（5.1j）											
用成比例模型估计距离、体积和数量。（6.1c）											
设计并利用模型和模拟工具说明与解释科学现象及其系统。（6.1i）											
建立并利用模型和模拟工具说明与解释科学现象。（LS.ld）											
建立并利用模型和模拟工具说明与解释科学现象。（PS.lm）											
利用计算机、调查软件和地球空间技术等技术手段，收集、分析和沟通数据，并用其说明相关概念、模拟实验条件。（ES.1b）（*沟通、分析数据*）*											
阅读和解释地图与地球仪，包括根据经纬度确定位置。（ES.1d）											
用适当的技术手段，包括计算机、图形计算器和探测设备等，归集并分析数据、沟通结果、说明概念和模拟实验条件。（BIO.1i）（*沟通、分析数据*）*									2		
提出其他可能的科学解释和模型，并进行分析。（BIO.11）（*分析数据*）											
用适当的技术手段，包括计算机、图形计算器和调查软件等，归集并分析数据、沟通结果、说明概念和模拟实验条件。（CH.1h）（*沟通*）											
运用模型和模拟工具，使现象可视化并进行解释，对假设进行预测，并解释数据。（PH.1f）（*分析数据*）											

1. 入门技能的熟练水平指的是在常规课堂任务中的表现水平，而且是期望学生在某个学年结束时或者课程教学结束时达到的表现水平，除了连续两个及以上年级带有相同标记的情况。

2. 中间年级的计算机技术的学习标准引入了手持技术设备。

* 与其他技能重复，在圆括号中注明。

图 4.3　弗吉尼亚州关于各种科学过程技能的学习进程的专项培养方案

译者注：每项技能后圆括号中的字母和数字是该技能所对应的州学习标准条目编号。课程缩写的含义如下：LS 为生命科学，PS 为生理科学，ES 为地球科学，BI 为生物学，CH 为化学，PH 为物理学。这些都是中学阶段的科学课程。

资料来源：引自 VDOE，2012。

操纵实验变量的进阶

1. 实施简单的调查或实验，以回答问题。

2. 识别造成某种变化的条件，做出推断。

3. 辨别自变量和因变量。

4. 辨别实验情境中的常量。

5. 多次重复实验，持续操纵一个变量。

6. 查找到实验错误的根源。

7. 辨别因变量、自变量和常量。

8. 为了检验假设，控制变量，并进行重复实验。

9. 分清自变量、因变量、常量、控制变量和重复实验。

10. 运用研究方法调查实践中的问题。

11. 在重复实验中操纵多个变量。

12. 定义变量，做出调查设计，以检验假设。

13. 找出实验设计中暗藏的错误根源，并开展讨论。

14. 实施指定的实验室技术。

15. 利用重复实验，通过操纵多个变量，获取可验证的观察结果和数据。

16. 认识到实验仪器和实验设计的局限性。

（引自 VDOE，2012）

设计、构建和解释模型的进阶

1. 设计并制作简单实体模型，用它澄清解释和展示关系。

2. 设计并建立模型。

3. 建立模型以澄清解释、展示关系、满足需求。

4. 用成比例模型估计距离、体积和数量。

5. 设计并利用模型和模拟工具说明与解释科学现象及其系统。

6. 建立并利用模型和模拟工具说明与解释科学现象。

7. 利用计算机、调查软件和地球空间技术等技术手段，收集、分析和沟通数据，并用其说明相关概念、模拟实验条件。

8. 阅读和解释地图与地球仪，包括根据经纬度确定位置。

9. 提出其他可能的科学解释和模型，并进行分析。

10. 运用模型和模拟工具，使现象可视化并进行解释，对假设进行预测，并解释数据。

（引自 VDOE，2012）

我们用学习目的和成功标准，强调了某些科学过程技能的发展进阶过程。这些科学过程技能是教师必须教的。然而，不能孤立地教，应该把它们嵌入对科学内容的学习。观察、沟通、解释、分析和评估数据，操纵变量和构建模型 153
都应当成为克罗斯老师、帕特森老师、史密斯老师和本书中所有提到过的老师们课堂学习活动的一部分。让学生主动参与科学内容和过程技能的学习，能够 154
使他们的思维变得可见，为更好地提供反馈敞开方便之门。接下来，我们要讨论的是从表层学习推进到深层学习，再进入迁移学习，其中涉及自我管理反馈。学生们越来越多地掌握了自己学习的主导权，甚至包括对自己进行反馈的主导权。

反　馈

和表层学习与深层学习一样，在迁移学习阶段，学生需要具体的、建设性的即时反馈，需要被提供“要去哪里”“怎么去”和“下一步再往哪儿走”等关键的信息。通过自我管理反馈，学生们会知道当自己漫无目的而且老师不在身边的时候该做什么。迁移学习和自我管理反馈相伴相生，尽管自我管理反馈并不是迁移学习阶段唯一重要的反馈形式。例如，当出现了错误概念，或者发现了表层学习的漏洞时，任务反馈和认知加工反馈可以为学生提供帮助。然而，在这个学习阶段当中，大多数反馈应当是借由元认知而提出的自我管理反馈。

如果学生们能做到通过自我对话、自我提问和自我反思展开元认知，那么他们就掌控住了自己的学习，其动机和理解水平都能得到提升。这是教育研究中被充分证实的发现（例如，National Research Council，2007）。元认知，或者说对自己思维的思考能力，能促进学习者的自我觉知以及对正在执行的任务和如何成功完成任务的觉知。换种说法就是，学生们在漫无目的而且老师不在身边的情况下，知道自己应该做什么。这就是自我管理反馈。元认知过程可以提高学生的学习成就，这已被非常清晰地揭示出来。马扎诺（Marzano，1998，p.106）称元认知为驱动思维的“引擎”。帕林萨（Palincsar，2013）认为元认知觉知由以下三部分组成：

1. 关于我们的学习本身的知识；
2. 对于任务需求和完成任务所必需策略的理解；
3. 监控学习和自我管理的手段。

155 在科学学习中，这意味着学生非常清楚自己在关于诸如太阳系中内行星和外行星的大气特征等内容的学习中处于什么位置；而且知道在关于行星的具体学习任务中，教师对自己的期望是什么；还知道为了实现学习目的和成功标准，应当采取哪些策略。最终，学生们能够对实现学习目的和成功标准的学习进程进行自我监控。而在通往元认知觉知的路上，他们同样需要支持和帮助。为了发展元认知技能，学生们需要学习自我提问的技巧。

自我对话和自我提问

在学习的每一个阶段，学生们都能够开展自我对话和自我提问，而且他们确实是这么做的。但是，为了有效利用此项元认知策略，他们必须先经过表层学习和深层学习，才能组织好问题并做出内在回应，才能越来越接近成功的学习。这当然属于迁移学习。让我们以罗斯老师的学生组装电子器件为例。在各个合作小组执行任务的过程中，如果他们能对自己的思维进行思考的话，那么会取得最大的成功。他们必须开展自我对话和自我提问，以检查各环节是否出错，同时证明自己认为成功的解决方法。特别是，他们可能发现自己搭配某个电子器件的零件的方法陷入了死胡同，或者发现自己遗忘了一条重要信息。这些觉知都来自我们在心里不断向自己提出的一系列问题："这样做说得通吗？""我朝着解决问题又前进了一步吗？"在我们的元认知中，自我提问是一个关键的要素，它使得我们追踪自己的理解，并且当我们发现自己偏离"航线"的时候，能及时纠正回来。

自我对话和自我提问的效应量为 0.55

自我提问是一种元认知策略，学生们可以用它来追踪自己的理解，在偏离"航线"时进行自我管理反馈。当学生们开始自我提问，同时教师对其自我提问进行监控时，每个学生检查出错误和发现错误概念的可能性都有所提升。教师和学生不是向学生提供简单的任务反馈（例如，对或错），而是合作展开自我提问，提供学生重回正轨所需要的反馈。对于不断提高元认知能力的学生来说，教师做出自我提问的示范，是一种额外的支持。

教师如何让科学学习者思考他们的思维呢？黑斯蒂（Hastie，2011）发现，一些数学教师通过组织课前和课后的快问快答，成功促进了学生的元认知（见图 4.4）。学生们不仅学到了更多数学知识，而且表现出很强烈的动机和高水平的注意力。这一策略不限于在数学的教与学中应用。在科学课堂上，也可以而且应该引入这种精心设计的意图明确的教学流程。这一方法背后的主旨思想，是教师必须帮助学生提高元认知能力。如果我们期望学生进行迁移学习，即掌握自己学习的主动权，那么他们必须思考自己的思维。通过这种思考，他们应当能够监控自己的思想和面向学习目的与成功标准的学习进程。当然，这也属于自我管理反馈。 156

- 今日目标是什么？
- 我对今日目标已经了解多少？（从“一无所知”到“非常了解”）
- 我认为今日目标……（从“非常难”到“非常容易”）

结课时，学生要回答如下问题：
- 今日目标是什么？
- 我实现目标了吗？（从“完全没有”到“完全实现”）
- 我付出了多少努力？（从“没多少”到“非常多”）

然后，学生们可以思考一下，自己为什么实现了或者没实现学习目标。他们可能会指出如下几种原因：
- 我想要学习今天的课；
- 我想要实现今日目标；
- 我集中了注意力；等等。

或者是：
- 我放弃了；
- 太难了；
- 我不明白自己要干什么；等等。

图 4.4　辅助自我对话和自我提问的课前课后快问快答

黑斯蒂的研究结果令人印象深刻，而教师们则希望根据自己的学生和上课的具体内容，对检查清单上的问题做出调整。例如，让学生们指出自己达到或者没有达到学习目的的证据，使他们的思维可见，让师生共同看到第二天需要进行哪些额外的表层学习或深层学习。或者，教师们可以用这个方法来合作制订成功标准，学生们则会收集证据以表明自己朝着某个学习目标进步到了什么程度。在学生参与当日科学学习活动的过程中，他们可以持续地开展自我对话和自我提问，检查自己是否达到在课前参与制订的成功标准。以检查清单的形式展示这些信息是很有必要的，因为学生能在很短时间之内用符号完成检查，这样就有了更多时间开展合作学习，或者更充分地进行课堂讨论。

不过，写作也有助于澄清学生的理解。把写作融入科学课，可以使学生通过加入真实情境提高写作水平。在当今世界，这种写作是不可或缺的。这种方法还有助于学生澄清自己对科学本身的认识。许多学生告诉我们："我们把想法写下来时，才知道自己想了些什么。"

艾伦老师（Ms. Allen）把写作教学融入了她的初中科学课。除了让学生写作关于某个科学观点或环保观点的议论文、关于调研主题的信息研究报告、面向公众解释某个复杂科学现象的非虚构记叙文，借此促进科学学习的迁移，她
157 还让学生通过写作开展元认知。在一堂课的开头，艾伦老师给出了一些提示，要求学生在其互动科学笔记上写作：

- 我对今天的学习目标了解多少？我这么说的依据是什么？
- 我认为这堂课会有多难？我为什么这么想？
- 我有多想取得本堂课的成功？我为什么想成功？
- 158 我会为今天这堂课付出多少努力？
- 为了实现今天的学习目的，我认为哪些策略会有帮助？

艾伦老师会根据她长期以来对学生认知、元认知和学习态度的评估，判断哪些问题最有用。她还会考虑在这堂课上要花多少时间实施这个环节。在艾伦老师的课上，她数次暂停教学，然后让学生评估自己对学习目的的理解程度，并解释评估结果的依据。学生的小作文里因此出现了很多有意思的句子，他们在文中反思、分析和澄清自己的理解水平。这也有助于学生们在记录学习进程时始终关注学习目的和成功标准。

自我反思

成功的学习者不仅对自己提出问题，而且会思考那些问题的答案，继而朝着最有利于成功的方向调整策略、改变常规。当一堂课已经帮助学生理解了自己先前的水平和眼下的进度之后，接下来要采取的技术手段就是进行自我反思。自我反思可以使学生更加专业化，避免在未来涉及相似科学内容或科学过程技能的任务中重复犯错。每当艾伦老师的学生们学习过半之后，她都会要求学生反思自己的经验。图 4.5 展示了她为了引导学生的反思和元认知觉知而设计的提示。

- 我认为自己对……理解得怎么样？
- 我为什么这么想？
- 上完今天的课以后，我的理解进步了多少？
- 我对于今天所学的科学知识还有哪些疑问？
- 我还需要在哪里下功夫？我是怎么知道的？
- 我如何评价自己在今天课上的努力？为什么？
- 我如何评价自己在今天的小组活动中的表现？为什么？
- 我寻求帮助了吗？我帮助别人了吗？我鼓励同组伙伴了吗？
- 我对本组做出了什么贡献？
- 假如我有机会重新做一遍……，我会在哪里改进？为什么？
- 对于马上要上这堂课的其他同学，我会提出什么建议？

图 4.5　引导学生自我反思和元认知觉知的提示

随着时光流逝，学生们对自己的学习越来越了解。在第一学期末，这些学生将会进行自我管理反馈，因为他们会以在艾伦老师课上的学习为背景，思考自己的思维。我们再次强调，这些学生掌握了自己学习的主动权。

小　　结

迁移是科学教学和科学学习的目标。当学生们打好了牢固基础，理解了科学内容和科学过程技能以后，他们就会开始在众多主题之间进行归纳和串

159 联。在天气规律、气候、土壤成分、植物生长的必要过程及其对环境的适应等内容之间建立联系，为学生把所学迁移到古文明的农业经济学及其对文明冲突的影响上做好了铺垫。但是，这一过程要求设计并实施能引出和促进迁移学习的学习任务。除了贯串本书的主题——每一个学习阶段都必须对教师和学生可见——以外，我们还想强调，迁移学习是每个学生都能够达到的阶段，不受其个人特征的影响。无论我们是期望学习者把科学学习迁移到课程中的下一主题，还是期望他们发展科学素养，或者期望他们参与迎接未来挑战的创新发展活动，创设一个支持此类思维的学习环境，对于我们达到迁移的目标都是必不可少和至关重要的。

160 反思问题

1. 在你的课堂上，迁移是什么样的？在你的课堂上，什么时候期望学生做近迁移，什么时候期望他们做远迁移？你为这一学习过程提供了哪些支持？

2. 你如何判断学生要开始迁移学习了？你会收集哪些证据？你会和学生分享这些证据吗？为什么？

3. 回想你在课堂上使用问题解决式教学、案例比较和类比的经历。你如何调整任务难度，以确保全体学生都能展开复杂思维？你会在什么时候调整任务的复杂度？能举出具体例子吗？

4. 你如何支持学生的元认知？在你的课堂上，自我管理反馈起到什么作用？你如何教学生开展自我对话、自我提问和自我反思？你该如何使它们成为课堂教学的必要组成部分？

第 5 章　通过评价让科学学习可见 161

克洛艾老师（Ms. Chloe）设计了一个学习任务，学生们要从中理解物体和 162
它的影子与光源的关系。她开课的方式是向学生们提供关于太阳和影子的背景知识。在全班晨会上，她向学生们展示了一些影子的图片，并演示了影子的形成过程，还通过直接提问引导学生们思考。在课上她给了学生们很多时间，让他们与同桌的伙伴结对分享各自的思考。然后，学生们分成若干小组，研究物体、物体位置、光源和影子的关系。最后，学生们移步到户外，把所学知识迁移到自然界的物体上。

这个学习任务综合了课堂讨论、探究和问题解决式教学。克洛艾老师设计了一个参与式的任务，使得学生们有机会去理解概念、发现联结，并把所学迁移应用于新的情境。然而，学习的成功归功于克洛艾老师对学生的学习进程所做出的认真评价。

学习评价是使科学学习可见的最后一个环节，也是必要环节之一。

判断影响力

可见的学习发生在教师用学生的眼睛看学习、学生用教师的眼睛看自己之时。在实践当中，它要求教师持续评价自己对于学生学习的影响力，从而真正做到用学生的眼睛看学习。与此同时，学生也必须清楚地了解自己的学习，这样才能主动投入学习进程、规划下一步的学习，并且理解评价背后的意义。可见的学习研究所使用的衡量参数叫作效应量，也就是对增量的测量。效应量［采用科恩系数（Cohen’s *d*）］为 0.40 表示学生通过一年的在校学习获得了相当于至少一年的成长。意思是说，0.40 应该是学校教学和干预措施的期望值。效应量低于 0.40 表明教学或干预措施不够有效，可能需要进行变革或修正。退一万步来说，一个不到 0.40 的效应量至少说明必须对相应措施展开研讨。

计算效应量并运用这个工具计算学生的成长，也可以在你的科学课堂上付 163

诸实践。教师既可以计算全班的效应量，也可以计算学生个人的效应量，借此判断自己科学课教学的影响力，必要时，它还可以帮助你为处于不同学习阶段的学生选择所需的支持措施。认识某一特定学习主题或学习单元的影响力，而不用等着期末考试的结果，为我们提供了有关学生整体进步情况的更清晰的图景，教学和学习因此可以更具针对性和主动性。换句话来说，如果超越了单次标准化测量，使学习可见，那么教师和学生就可以对学习进程做出各种必要的变革。

对影响力的判断，还能塑造教师的效能感，也就是教师对其促进学生学习能力的信念。杰拉德（Jerald，2007）指出，具有强烈的个人效能感的教师具有如下特点：

- 倾向于展示出更强的规划和组织能力；
- 对新观念更加开放，更愿意尝试新方法，以更好地满足学生需求；
- 在遇到挫折时，更有毅力和抗逆力；
- 在学生犯错时，更少批评他们；
- 更少把学习困难的学生转介到特殊教育部门。（Protheroe，2008，p.43）

教师既可以计算全班的效应量，也可以计算学生个人的效应量，从而判断自己的教学和干预措施产生了多大的影响力。对于班级层面的学生学习，可以采用和研究者一样的标准：效应量不低于 0.40。计算效应量的过程相当简单。随着教师和同事们一次次讨论数据和成功，日积月累，他们就建立起了教师集体效能感（collective teacher efficacy，效应量为 1.57）。戈达德和霍伊夫妇（Goddard，Hoy，& Hoy，2000）给“教师集体效能感”下的定义是“一所学校的教师对于全体教师的工作将会对学生产生积极影响的感知”（p.480），而且教师们一致认可“该校教师能够帮助到学习最困难的学生”（p.480）。重要的是，这种感知建立在我们的经验基础上。当教师们从与同事并肩工作中体验到成功，当这种合作改善了教学和学习时，教师们就会注重其结果。这些累积的数据点就会变成研究者所指出的对学生学习作用深远的集体效能感（Hoy，Sweetland，& Smith，2002）。成功的学校不仅有一批成功的教师，而且注重学生的学习。

计算效应量

要计算效应量，我们必须掌握前测数据和后测数据。克莱因老师（Mr. Klein）的化学课上的学生刚刚提交了酸碱滴定实验的个人实验报告，他们在实验中计算了一种未知液体的浓度。这是学生们在本学期第二次提交实验报告。他想要测量这个班级写作实验报告的整体能力增长了多少，也想知道每个学生进步了多少。表 5.1 中包含第一阶段全班的实验报告评分。克莱因老师使用的是 7 分制评分法，因此他可以向学生提供有关其写作实验报告的能力发展的更为详细的信息。评分中包括对背景或引言、方法、实验误差、数据呈现、数据分析、科学写作和谋篇布局等特征进行的考查。

表 5.1　学生的实验报告得分

学生名字	前测（分）	后测（分）	个人效应量
贾斯廷	3.5	4.5	1.13
劳拉	2.5	3	0.56
麦迪逊	4	4.5	0.56
丹妮尔	4	5.5	1.69
莱克西	3.5	5	1.69
萨曼莎	4	6	2.26
劳伦	4	5	1.13
卡拉	5	6	1.13
金伯利	4	3.5	–0.56
英格丽德	4	4.5	0.56
朱莉安娜	3.5	5	1.69
阿曼达	1.5	1.5	0
萨曼莎	3	3.5	0.56
卡罗琳	3.5	5	1.69
埃琳	5	5.5	0.56
伊莎贝尔	3.5	4	0.56
克里斯蒂安娜	3	4	1.13
多里	4.5	5.5	1.13
凯莉安妮	3.5	5	1.69
艾丽斯	3.5	3	–0.56
萨拉	3.5	5	1.69
达纳	4	5	1.13

续表

学生名字	前测（分）	后测（分）	个人效应量
布里奇特	5	5.5	0.56
罗纳德	4.5	6	1.69
萨姆	4	6	2.26
马里	3	5	2.26
詹纳	3.5	4	0.56
布赖斯	4.5	5.5	1.13
乔伊	4	5	1.13
丹尼	3	4	1.13
林赛	4	5	1.13
平均得分	**3.74**	**4.69**	
标准差	**0.74**	**1.03**	
平均标准差		**0.89**	
平均效应量		**1.08**	

要计算效应量，你首先要得到实验评分的后测均值和前测均值。用 Excel 电子表格可以很容易地计算出来。

在克莱因老师的班级里，前测平均分是 3.74 分。经过为期一个月的科学写作练习，他的学生们的全班平均分提高到了 4.69 分，上升了近 1 分。要判断这个影响力是低于、等于还是高于一年的成长，克莱因老师不能只看到这 1 分的变化。平均分提高 1 分听起来没什么了不起，因此克莱因老师需要计算效应量。判断效应量的下一个步骤是计算标准差。有了这些准备，克莱因老师就能用下面这个公式计算出效应量了。

$$\text{效应量} = \frac{\text{均值（后测）} - \text{均值（前测）}}{\text{平均标准差}}$$

克莱因老师收集的第一批实验报告，也就是本案例中的前测，标准差为
166 0.74；第二批实验报告，即后测的标准差为 1.03。因此，二者的均值为 0.89。用上面的公式计算出的效应量是 1.08①，高于 0.40 这个临界点。所以，克莱因老师可以得出的结论是，他提高学生科学写作能力的做法是成功的。他还可以进一步推断，对与酸碱中和反应有关的科学过程和如何以写作形式呈现科学思想的

① 作者在计算的全程没有省略小数位，因而得出的效应量为 1.08。如果用其报告的仅保留两位小数的平均分来计算，则结果略有出入。——译者注

关注是有效的。但是我们应该牢记，用效应量不能得出因果关系的结论。克莱因老师无法自信地说他在教学中的某某行为导致了实验报告写作成绩的提高，但是学校应该鼓励他与同事分享这套方法，这样的话，其他教师也能在各自的学生身上检验其影响力。

算完了全班的效应量，克莱因老师还可以计算每个学生的个人效应量。这会帮助他进一步看清每个学生在科学写作上的学习进程，并且据此向那些没能和其他同学一样从这种教学方法中获益的学生提供必要的支持协助。要计算每个学生的效应量，克莱因老师要用到下面这个公式。 167

$$\text{效应量} = \frac{\text{个人得分（后测）} - \text{个人得分（前测）}}{\text{全班平均标准差}}$$

选用促进可见的科学学习的评价方法

说起来可能有点啰唆，促进可见的科学学习的评价是那些使学生的思维可见的评价。我们不需要抛弃正误判断题和选择题，但通过它们往往无法洞察学生的思维。大多数情况下，我们只知道学生选择了正确选项，却无从知晓他们经过了怎样的思考过程才做出那个选择。而且，克莱因老师的化学课案例表明，利用学习任务或者像写实验报告这样的评价手段来测量学生的进步，和用判断题、选择题是一样可行的。为了确保学习评价能提供关于下一步努力方向的必要信息，师生最好是开展使学习可见的学习任务。评价的方法包括：

1. 让学生观察并描述所见的现象，而不是直接背诵定义。
2. 设计能让学生对科学现象做出解释的学习任务。
3. 鼓励学生不仅回答问题，而且运用证据进行推理，并证明其答案。
4. 让学生参与那些要求他们提出不同视角或观点的任务。
5. 要求学生建立明确的联结。
6. 允许学生提出更多疑问，或者表示出对身边世界的好奇心。
7. 通过要求学生明确说出所学内容背后的大概念，进行学习总结。
8. 使学生有机会去揭示科学现象的复杂性。（Ritchhart et al.，2011）

从上述任务和评价当中，教师和学生可以提取所需要的前测数据和后测数据，进而监测两个时间点之间的学习进展。

168 **前测**

如果不对学生的科学内容知识和科学过程技能进行前测，我们就无法判断特定学习主题或学习单元的学习是否发生了。假如教师们仅使用后测，例如期末考试、期末论文或者期末项目，那么他们将会只知道谁表现出了期望的学习成就水平（也知道谁没有达到这个水平），但是无法知道谁是通过这期间的学习而实现成长的。这里很容易出问题，因为纳托尔的研究（Nuthall，2007）指出，学生已经掌握了 60% 我们期望他们学习的内容。如果我们想最大限度地影响学生学习，测量其成长进步是至为重要的。

我们常常忽视了前测，以为总结性评价结果就能说明学习发生了。那些数据表明了学习已在某时发生过，但是并没有证据表明那种学习是最近一系列学习经验的结果。在问责制的时代，这是很好理解的。然而，如果没有前测，那么是否能成为一名优秀教师或者高影响力学习环境的设计师，就只好交给运气。要是不在一个学习单元的开头弄清楚学生知道什么、会做什么，那就会给判断学习是否发生以及讨论什么是有效的教学和干预措施造成障碍。教师一旦掌握了基线数据，即前测信息，就能够设计出相应的教学干预措施，填补学生已知的东西和期望他们学习的东西之间的差距。这样一来，教师就可以更加精细地利用时间，因为可以根据学习需求的类型——表层学习、深层学习或迁移学习——来选用具体策略。需要进行表层学习的学生，可能无法游刃有余地参与一系列问题解决式教学。反过来，需要进行深层学习的学生，可能从学习记忆术中也没什么收获。在这一阶段，评价学习是必要的。

后测

如果说学习就是改变，那么后测能够帮助我们测量学习一个主题或完成一个单元的学习之后发生了多少改变。为了捕捉成长信息，教师现在必须组织一次后测，它既可以和前测的形式一模一样，也可以只测量完全一致的内容或技能及学生对其理解程度。例如，克莱因老师在组织后测时，没有要求学生对同
169 一个实验再写一篇实验报告。相反，他让学生们使用同样的技能和理解去进行科学写作。另一方面，对于以内容知识为核心的学习来说，使用和前测一样的方法是最好的。这为有关影响力的调研做好了准备。在两次测验之间的这段时

间里，学生成长了吗？学会了什么？

有了前测和后测数据，就可以得出效应量了。前面的表 5.1 用克莱因老师课上的数据提供了示范。这里最重要的倒不一定是数字，而是我们如何处理这些数字。这些数字告诉我们学生已经知道什么、能熟练做什么或者在学习之前就掌握了什么。那些取得了很大进步——超过了 0.40 这个效应量门槛——的学生是什么情况？那些刚刚好取得了效应量为 0.40 的进步的学生呢？那些进步幅度不足 0.40 的学生呢？

包括克莱因老师在内的所有老师，在测量过自己对学生成长进步的影响力之后，他们关于学生下一步往哪里努力的决策都是有的放矢的。教师可以根据学生学习上的差距和漏洞，决定如何调整下一步学习经验的难度与复杂度。要实现这一目的，可以调整接下来的学习任务的难度和复杂度，也可以给需要不同程度支持协助的学生提供小组干预或者个人干预。

科学课堂上的干预反应法

有时，尽管我们尽了最大努力，有些学生还是不能从高质量的科学教学中获得成长。无论学生参与的任务是在公制度量单位体系内展开对话、计算一种物质的密度还是确定一种溶液的体积摩尔浓度，他们的科学学习进度都会是参差不齐的。通过形成性评价（效应量为 0.48）了解每个学生的进度，可以使师生有更好的条件对差异做出反应，并进而弥补学习漏洞，或者为学习速度较快的学生提供差异化的学习经验。当影响力不太理想时，我们必须对教学做出相应的调整。放大音量、延长时间和增多遍数都是不恰当的方法。通过认真分析从形成性评价中收集的数据并进行反思，教师们必须查明哪些做法有效，哪些 170
无效，经过与同事相互探讨，重新为学生设计学习活动。这类专业对话可以在年级组会议上开展，也可以在学科组会议上开展。例如，在年级组层面展开对话，可以让教师们合作检视同事课堂上有效的做法，而不用管具体内容，同时还可以考虑将这些教学思想用于自己的课堂。而在学科组层面，教师们可以讨论在一门科学学科当中，针对一个具体的主题可以采取哪些具体方法。举个具体例子，8 年级科学学科组可以研讨如何最有效地教授库仑定律。

我们在前文中提到过，科学教学并无定法，科学教师可以实践的有效手段是非常多的。设计学习活动、监测影响力，以及做出调整，都能显示出有效教

干预反应法的效应量为 1.29

师的特征。让我们来看看一种监测影响力的正规方法：干预反应法（response to intervention，RTI）。

干预反应法的效果已得到充分证实，这使它成为迄今为止有研究支持的最有影响力的方法之一。当然，该方法不仅限于数学和阅读的学习，它对于科学学习同样适用。

干预反应法是一个多级支持系统，其基石是优质的核心教学，被称为第一阶梯。对这一级的优质核心教学缺乏反应的学生，将会得到进一步的小组干预支持，即第二阶梯。如果学生还需要更多的强化支持，那么就要给他提供第三阶梯，也就是个人干预。在科学教学中，有效的干预反应法由多个部分构成，它们合起来形成了研究中所体现出来的影响力。对干预反应法的完整讨论，超出了本书所能容纳的范围，读者可参阅其他资料（例如，Fisher & Frey，2010）。对于可见的科学学习来说，一定要注意的是，学习评价使我们洞察到学生还需要哪些额外的学习经验才能实现成功的科学学习。我们身为教师，要做的就是做出必要的调整，让课堂上的每个学生都取得那样的成功。

优质核心教学

干预反应法的基础是期望学生都获得优质的科学课堂核心教学，这种教学是其持续不断的学校教育中的一部分。优质核心教学也被称为“优秀的第一次教学”，它构成干预反应法的第一阶梯。科学中的第一阶梯教学，包括在学习进程中的正确时机（表层、深层或迁移学习）使用效果最佳的教学策略。那些根据本书中强调的对学生成就的影响力，实施高质量教学并且监测其行动的影响力的科学教师，将会发现需要干预反应法第一阶梯以上的额外支持的学生人数变得越来越少。我们认为，优质核心教学至少具备以下特点：

171

- 教师在科学课堂上清晰地讲解学习目的和成功标准，并与学生一同讨论它们。
- 学生通过合作制订成功标准，对学习有着自己的期待。

- 通过获取和巩固表层学习，学生深刻地理解科学内容知识及科学过程技能。
- 根据学习需求而非教师感知到的学生能力开展小组学习，包括调整任务的难度和复杂度，以找到适合学生的挑战水平。
- 适度的（而不是海量的）单独练习，并且提供有效反馈。
- 每天都有合作学习的机会，学生因此能够提炼出概念之间的关系（深层学习）。
- 通过基于问题的教学，支持学生把内容知识和科学过程技能迁移到新情境、新场景和新问题中。

进程监测

进程监测可为师生提供必要的信息，使他们知道学生对优质核心教学的反应。本章中的前文讨论过前测、后测和使思维可见，借助这些评价，我们才能判断自己对学生学习的影响力。除了简单地判断影响力，这些评价还可以帮教师监测学生的学习进程。人们常常说评价就像烹饪，对进程进行监测，就像是厨师品尝汤羹。终结性评价则是由食客来品尝这碗汤。在学生完成终结性评价 172
或者后测之前，教师可以早早地开始检查自己设计和传授的这些课是否发挥了作用。检查之后，教师能够自然而然地走出必要的下一步。在科学学习中，前测对于在学年开始时甄别学生的需求十分重要，而进程监测工具可以确保学生的需求在一整年中始终得到重视。教师运用的进程监测工具可以使学生获得补充干预或者强化干预。

补充干预和强化干预

干预反应法致力于对科学课堂上没有响应优质核心教学（第一阶梯）的学生提供循证干预。用干预反应法的术语来说，学生可以获得第二阶梯和第三阶梯的干预，或者是二者的组合。这一多级支持系统能改善学生的学习，不仅在阅读和数学课堂上有效，在科学课堂上一样好用。本章前文讨论过，提供必要的第二阶梯和第三阶梯干预，要求教师注意学生何时没有反应（即影响不充分），然后改变教学或干预措施，使之取得理想的科学学习结果。这两级反应分别是：

1. 第二阶梯，也叫补充干预；

2. 第三阶梯，也叫强化干预。

萨拉·卢赛罗（Sarah Lucero）所教的5年级班级里，有四名学生在前测中被甄别为在学习使用适当的图示表征和度量衡沟通数据方面需要额外的教学或干预。对于5年级学生来说，这是一个重要标准，也是后续科学学习以及数学学习中的基础技能。也就是说，卢赛罗老师必须做出响应，调整她的教学，以确保这些学生通过学习取得必需的进步。卢赛罗老师并没有让这几名学生悬梁刺股，也不是快刀斩乱麻似的及时止损，然后直奔其他内容。相反，她每天都和这几个学生会面，提供小范围的、针对其需求的教学。她调整了该小组教学任务的难度和复杂度，以使用适当的图示表征和度量衡沟通数据为重点。这一小组教学的同时，班
173 里的其他学生则合作完成针对同样技能的任务，但是对独立性的水平要求不同。班里的其他同学是相互协作学习的。当卢赛罗老师不跟这四名学生在一起时，他们也是合作学习的，而其他学生则和卢赛罗老师一起关注前测中突显出的其他方面的学习需求。

高中物理教师马克·奇尔德斯（Marc Childers）也采用了同样的方法。前测数据表明，班上的五名学生在第一课中解决斜面问题时需要额外支持，因为他们不仅对合力的理解不到位，而且对解决此类问题所需要的数学技能也不熟练。奇尔德斯老师没有鼓动学生弃选这门课，也没有抱怨数学组，而是设计了一系列阶梯分级的问题，包括画受力分析图、列出合力的计算式和解决多种不同条件（例如，不同的物体加速度、摩擦系数和倾斜角度）下的问题。和卢赛罗老师一样，奇尔德斯老师也和这五名学生坐在一起，提供补充干预，帮助他们理解合力的概念，学习解决斜面问题所必须掌握的数学技能。

> 不给学生贴标签的效应量为0.61

只要以精确的评价数据为基础，使学生获得对症下药的教学，而不是给他们贴标签，补充干预和强化干预就能对学生学习产生积极影响。

一般来说，第二阶梯干预是教师与小范围学生聚到一起，同时班里的其他学生完成支持他们的学习进程走向学习目的和成功标准的任务。这些任务的难度和复杂度也应当适合他们的需求。

当教师与需要额外支持的学生在一起时，给其他学生布置繁重的作业是不符合干预反应法的。正确的做法是，当教师与小组学生在一起解决科学学习进程中的具体问题时，其他学生应该参与合作的、有收获的科学学习任务以加深对知识的理解。有时候，小组教学也不能实现突破，那就需要通过强化干预来补足差距。这种干预往往由课堂以外的专家（例如，特殊教育教师，或者语言学习专家）来提供，但科学教师必须参与强化干预，在这一过程中提供清晰的学习目的、成功标准和学习评价。干预反应法背后的逻辑十分复杂，但其关键在于，174
如果我们愿意检验自己的影响力，并据此调整学习环境，那么所有的学生都能学习。

从无效做法中吸取经验

到目前为止，我们一直在关注科学课堂里对学生产生积极影响的做法。我们探索了表层学习、深层学习和迁移学习，注意到各个阶段上效果较好的做法。我们还探讨了教师如何判断自己对学生学习的影响力，以及当影响力达不到预期的时候应该如何反应。现在该转而关注一些对构建科学内容知识和科学过程技能确实没什么用的做法了。我们不希望教师由于开展了有害的或浪费宝贵学习时间的教学实践，而让辛勤的工作付之东流。毕竟教学时间十分宝贵。教师必须不仅知道什么最有效，而且知道什么会占用过多的教学时间，却对学生学习毫无裨益。

策略很好，但时机不宜

本书多次涉及科学教学和科学学习中一些棘手的挑战。例如，我们细致描述了关于直接教学、基于探究的教学和问题解决式教学的经年累月的争论。在科学教育界，这种争论会把教师迅速分为两大阵营，却对教学提升无济于事。研究结果确凿地表明，科学教学不存在唯一的方法，科学学习也不存在唯一的方法。相反，最关键的是时机。教师可能会采用一种完美无瑕的好方法进行科学教学（例如，基于探究的教学），却看错了时机（在表层学习阶段）。策略很好，但时机不宜。直截了当地说，我们不宣扬一枝独秀的特殊方法。正如第 1 章强调过的，有效的教师绝不会把任何教学策略置于学生的学习之上。可见的学习是一种持续评价教师对学生影响力的方法。当证据表明学习没有发生的时候，教师就需要改变教学（而不是换一拨孩子！）。这里并不是指任何一种具体的策略，而是其在学习进程中的位置。

175 **按能力分组**

在科学课堂上按能力分组的结果并不支持我们延续这种做法。它的效应量为 0.12，影响力小到可以忽略不计，然而它却是许多学校惯用的策略。在小学课堂上，学生们常常被按照读写和数学的成绩分成小组。结果在科学课上，他们也被这样默认按能力分组。在初中课堂上，学生们会发现自己被根据数学选课结果分到了不同的科学课上。确实，一些科学学科（物理和化学）要求学生具备一定的数学技能，这样才能顺利地学下去。但是为什么不把那些技能嵌入科学学习之中呢?

有人说，按能力分组对成绩好的学生有益处，而对基础较差的学生没效果。问题是这个说法也不对。按能力分组打乱了学习共同体，对一部分学生造成社会性排挤，表面上看取得了一丁点效果，背后却牺牲了学生社交技能的发展（Sapon-Shevin，1994）。它对少数群体的影响更加糟糕，因为少数群体的学生更有可能被分到低能力班级，在这种班级里面注定只能取得较差的成绩，由低效能的教师来教（Jimerson，2001）。根据我们对职前教师和在职教师的调查，我们经常看到的情况是，无论在实习、见习还是带班教学中，他们都曾经根据自己认定的学生能力水平，给学生分过组。这样做看上去效率很高，因此他们也觉得是有效的。把一个年级的学生分成三组，一名教师教差生、一名教师教中等生、一名教师教优等生，这是很流行的策略，然而证据清楚地表明这是不对的。两种最常见的按能力分组的方式是：

- 班级内分组，根据某一次考试成绩，把学生分成小组。
- 跨班级分组，根据之前的学业成绩，把学生分到不同的班级、不同的课程或者课程序列（课程轨道）。

我们把这个问题写出来，也冒着一定风险，因为一些读者可能会过度泛化这个问题。在班级内或者跨班级按能力分组是应当避免的，但是**按照需求**进行
176 灵活的分组教学，不应被一概摒弃。以学生为中心的教学效果会很好，它根据

学生的理解水平开展教学活动和组织学生参与小组学习。事实上，只要灵活而非固定地划分小组，小组学习的效应量就能达到 0.47。

小组学习的效应量为 0.47

这个方法的关键之处，在于改变分组的前提条件，以及教学必须匹配学生需求。我们来看看在同一所学校里，不同做法产生的不同结果。在 6 年级科学课上，教师组织了一次课前测验，评价学生的结构性适应和行为适应情况，并根据学生成绩给他们分组。成绩最低的学生被分到第一组，成绩略高一点的被分到第二组，以此类推。教师连续几周分别为各组学生提供促进他们结构性适应和行为适应的教学。这看起来既熟悉又合理，对吧？但是它无效。后测结果和前一次数据相比，没有什么变化。原来成绩最低的学生，成绩还是最差的，他们的成绩只提高了几乎看不出来的那么一点点。这可真是事倍功半。

在走廊另一端，还有一位 6 年级教师组织了同样的前测。她分析了学生答卷反映出来的错误类型，每天根据学生的错误类型重新分组。一天，她先是为一组需要对适应性及其在动物生存中的作用加强理解的学生提供指导。接着，她又来到另外一组学生身边，帮助他们把所学知识与自己居住的社区以外的其他栖息地联系起来。后面这组学生的视野局限于自家后院。还有一天，教师则对在用多渠道数据做出推断方面需要额外支持的学生，提供有重点的小组教学。在这个班级里，每一组学生的后测成绩都有了显著提升。

这两个班级最大的区别在于教师利用教学时间的方式。两个教师拥有的时间是一样的，两个班的学生要学习的内容也是一样的，在单元开始之前收集到的数据类型也是一样的。不过，在第二个班级里，分组是不断变化的，而且教学与学生的具体需求相匹配。

再说一次，以学生为中心的科学教学是非常有效的，它根据学生对科学内容知识的理解水平和他们运用特定科学过程技能的熟练程度进行教学，然后再组织学生开展小组学习。小组教学是有效的，但教师不可以根据学生的能力分组进行干预。分组必须是灵活可调整的，这样才能使对各组的教学与学生的表现和理解水平相适应。

提供匹配学习风格的教学

你有多少次被别人问起你的学习风格？你是否经常听到同事们提及他们的学习风格？这种提法，在我们的学校和教室里处处可闻，而且在教师职前准备项目和全球各地的教师辅导材料中经久不衰。诚然，我们获取和分享信息的方式偏好可能有不小的差异，而且这些差异会在不同情境中、面对不同的人群时发生变化。但是，根据我们对学生不同智力类型或学习风格的感知来教他们，并没有什么意义。其实，它的效应量只有 0.17。根据感觉上的学习风格匹配教学方法，不可能显著改进学生的科学学习。仅有零星的证据表明，当学生需要精通许多种学习策略和风格时，他们可以被归入几种学习风格（例如，视觉型、动觉型和听觉型），而教师也会需要采用许多不同的策略，才能确保全体学生都投入学习。这并不是说我们应该无视学生的兴趣或偏好，因为这样会消解师生关系（良好师生关系的效应量为 0.52）。相反，我们应该用效果最佳的方法提供优质的核心教学。我们应当承认每个人都有自己的兴趣和偏好，允许学生通过多模型评价来展示他们的学习，以使其思维可见。不要给学生贴标签，尤其不要贴上学习风格的标签；再说一遍，不给学生贴标签的效应量是 0.61。我们应当反过来关注教学常规和教学习惯，要确保全体学生都实现高水平的学习。教师们可能需要采用多种手段，让多样化的学习方式发挥作用，但是把学生苛刻地划入一种或几种学习风格是错误的。

备考

备考，包括传授应试技巧，是又一类没有充分证据表明可以继续采用的做
178 法。其效应量为 0.27，相当于差不多半年的学习成就。当然，我们都曾经做过这种事，因为教给学生通用考试技巧的表面逻辑是极富诱惑力的。然而，应试准备不过是浪费宝贵时间。正确的做法是应该把学习和应试的技巧作为每堂课的内在构成成分（而不是单独传授），关注点应该放在向学生传授内容知识和如何学习内容知识上，因为这已被证实能够非常有效地提高学生在外部学业测评中的成绩。我们不是说不该让学生去了解考试的模式，而是说，那方面的教学应该少占用时间。应该教会学生如何更好地安排完成任务的时间，这是一项重要的备考技能，但应该在平时上课时教会他们，而不是把它当作孤立的技能。

备考和传授应试技巧会虚耗大量教学时间，而事实上大家都知道，并无证据表明这些问责性质的测评会改善教学或者学习（Hattie & Donoghue, 2016）。学习内容知识，以及学会如何学习内容知识，尤其是采用有效的学习技巧（效应量为 0.63），其收益将远远大于费尽心思摆平一次考试。

家庭作业

我们要提出的对学习无效的最后一条策略是家庭作业，尽管还有其他可以探讨的议题。总体来看，家庭作业对学生学习的影响力较小，效应量为 0.29。既然如此，那么就有必要考察一下家庭作业在不同年级的价值。在小学阶段，家庭作业对学生学习的影响力很有限，效应量为 0.15；而到了高中阶段，效应量则是 0.64。造成这一差异的主要原因，是作业的性质和做作业的人。给予学生额外的机会去练习课上教过、学生已初步掌握了的东西，这种家庭作业是有效的（很多高中作业具备这一性质）；然而，包含新材料、新任务，学生独自做起来很吃力的家庭作业，效果是不好的（太多的小学作业具备这一性质）。如果是由家长来做家庭作业（在小学非常普遍），那么家长倒是学会了好多科学知识，他们的孩子却颗粒无收。

要紧的是，不能把家庭作业结果当作学生的学习成绩，而通过给学生布置更多在家独立完成的学习任务来提高学校教育严格程度的做法，更是误人子弟、 179
后患无穷。学生的成功完全取决于他们在学校的活动。不要让他们在家里另建一所学校，很多学生需要成人的专业指导，尽管每一名家长都愿意辅导自己的孩子，但有些家长是力不从心的。值得重申的是，家庭作业结果不是学生的成绩，通过布置更多在家独立完成的学习任务来提高学校教育严格程度的做法，更是误人子弟、后患无穷。

小　结

作为全书的最后一部分，本章聚焦于无效的做法。我们原本还可以关注学校里那些常常备受指责的做法，把本章变成一张写满“是啊，不过……”的清单。是啊，人口流动性对学生学习有负面影响，暑假也有害处。哈蒂（Hattie, 2012）指出，学校中大约 50% 的学业成就变量取决于学生个人特征和人口统计特征。遗憾的是，很多学校只关注那 50%，当学习结果不理想时，那 50% 就成为替罪羊，这绝非孤例。除了学生自己，教师对学生学业成就的影响力最大，其次是学校、校长、家长和家庭。这真的，真的很重要：学生学业成就的很多影响因素来自教师。我们做了什么很重要，特别重要。前面四章多的内容，都瞄准了如何最大限度地改善教师因素的影响力，换句话说，就是什么最有效。

你算一算，学生们有三分之一的清醒时间是在学校里度过的。这意味着我们要用学生的一小部分时间实现他们在科学课堂上能够取得的最大进步。我们必须这样做：

1. 关注科学教学和科学学习中最有效的做法，而不仅仅是有效做法。

2. 设计有挑战性的任务，使之符合学生的学习进程，即表层、深层或迁移学习。

3. 调整学习任务，使学生投入适度严格的，具有恰当难度和复杂度的任务，以满足其学习需求。

180 4. 让思维和学习对师生都可见，使得教师可以根据学生的学习需求调整教学策略。

5. 认识你自己的影响力。

科学教师的工作至关重要！

反思问题

1. 你如何判断自己对学生的影响力？你会收集哪些数据来判断你的影响力？阅读完本章后，你会做出哪些改变？

2. 你如何让学生的思维可见？你会对评价方式做出哪些改变，使学生的思维对你和学生都更加可见？

3. 你和你的同事，以及你们的学校如何支持没有达到科学学习的期望水平的学生？你的学生能获得哪些补充干预和强化干预？你会向学生们提供哪些额外支持？

4. 你下一步的计划是什么？掌握了本书中的信息以后，你要做些什么？你会对自己的科学教学做出哪些改变？

参考文献

Ausubel, D. P. (1968). *Educational psychology: A cognitive view*. New York, NY: Holt, Rinehart & Winston.

Bass, J. E., Contant, T. L., & Carin, A. A. (2009). *Teaching science as inquiry* (11th ed.). New York, NY: Pearson.

Bereiter, C. (2002). *Education and mind in the knowledge age*. Mahwah, NJ: Lawrence Erlbaum.

Biggs, J. B., & Collis, K. F. (1982). *Evaluating the quality of learning: The SOLO taxonomy (structure of observed learning outcome)*. New York, NY: Academic Press.

Bransford, J., Brown, A. L., & Cocking, R. R. (2000). *How people learn: Brain, mind, experience, and school* (Expanded ed.). Washington, DC: National Academies Press.

Brookhart, S. M. (2008). *How to give effective feedback to your students*. Alexandria, VA: ASCD.

Bruner, J. S., Goodnow, J. J., & Austin, G. A. (1986). *A study of thinking* (2nd ed.). New York, NY: Routledge.

Cazden, C. (2001). *Classroom discourse: The language of teaching and learning*. Portsmouth, NH: Heinemann.

Coll, R. K., & Lajium, D. (2011). Modeling and the future of science learning. In M. Khine & I. Saleh (Eds.), *Models and modeling: Cognitive tools for scientific enquiry* (pp. 3–21). Dordrecht, The Netherlands: Springer.

Crismond, D. P., & Adams, R. S. (2012). The informed design teaching and learning matrix. *Journal of Engineering Education, 101*(4), 738–797.

Dean, D., & Kuhn, D. (2007). Direct instruction vs. discovery: The long view. *Science Education, 91*(3), 384–397.

DeLashmutt, K. (2007). *A study of the role of mnemonics in learning mathematics*

(Summative projects for MA degree). University of Nebraska–Lincoln. Retrieved from http://digitalcommons.unl.edu/mathmidsummative/19.

Deming, D. J. (2017, June). The growing importance of social skills in the labor market. *NBER Working Paper No. 21473.* Cambridge, MA: National Bureau of Economic Research. Retrieved from http://www.nber.org/papers/w21473.

Driver, R., Squires, A., Rushworth, P., & Wood-Robinson, V. (1994). *Making sense of secondary science: Research into children's ideas.* London, England: Routledge.

Duschl, R. A., & Osborne, J. (2002). Supporting and promoting argumentation discourse in science education. *Studies in Science Education, 38*, 39–72.

Estes, T. H., Mills, D. C., & Barron, R. F. (1969). Three methods of introducing students to a reading-learning task in two content subjects. In H. L. Herber & P. L. Sanders (Eds.), *Research in reading in the content areas: First year report* (pp. 40–47). Syracuse, NY: Syracuse University Press.

Fisher, D., Everlove, S., & Frey, N. (2009). Not just another literacy meeting. *Principal Leadership, 9*(9), 40–43.

Fisher, D., & Frey, N. (2010). *Enhancing RTI: How to ensure success with effective classroom instruction and intervention*. Alexandria, VA: ASCD.

Fletcher, J. D., & Tobias, S. (2005). The multimedia principle. In R. E. Mayer (Ed.), *The Cambridge handbook of multimedia learning* (pp. 117–134). New York, NY: Cambridge University Press.

Freedman, M. P. (2000). Using effective demonstrations for motivation. *Science and Children, 38*(1), 52–55.

Garcia, M. (2016). *Space debris and human spacecraft*. Retrieved from https://www.nasa.gov/mission_pages/station/news/orbital_debris.html.

Gilbert, J. K. (2004). Models and modelling: Routes to more authentic science education. *International Journal of Science and Mathematics Education, 2*(2), 115–130.

Gilbert, J. K., Boulter, C. J., & Elmer, R. (2000). Positioning models in science education and in design and technology education. In J. K. Gilbert & C. Boulter (Eds.), *Developing models in science education* (pp. 3–17). Dordrecht, The Netherlands:

Springer.

Goddard, R. D., Hoy, W. K., & Hoy, A. W. (2000). Collective teacher efficacy: Its meaning, measure, and impact on student achievement. *American Educational Research Journal, 37,* 479–507.

Griffin, M. M., & Robinson, D. H. (2005). Does spatial or visual information in maps facilitate text recall? Reconsidering the conjoint retention hypothesis. *Educational Technology Research and Development, 53*, 23–36.

Hastie, S. (2011). *Teaching students to set goals: Strategies, commitment, and monitoring* (Unpublished doctoral dissertation). University of Auckland, New Zealand.

Hattie, J. (2009). *Visible learning. A synthesis of over 800 meta-analyses relating to achievement.* New York, NY: Routledge.

Hattie, J. (2012). *Visible learning for teachers: Maximizing impact on learning.* New York, NY: Routledge.

Hattie, J. A. C., & Donoghue, G. (2016, August 10). Learning strategies: A synthesis and conceptual model. *Nature/NPJ: Science of Learning*. doi:10.1038/npjscilearn.2016.13.

Hattie, J., Fisher, D., & Frey, N. (2017). *Visible learning for mathematics: What works best to optimize student learning.* Thousand Oaks, CA: Corwin Press.

Hattie, J., & Timperley, H. (2007). The power of feedback. *Review of Educational Research, 77*(1), 81–112.

Hattie, J. A. C., & Yates, C. R. G. (2014). *Visible learning and the science of how we learn.* New York, NY: Routledge.

Hester, K., & Cunningham, C. (2007, June). *Engineering is elementary: An engineering and technology curriculum for children.* Paper presented at the ASEE 2007 Annual Conference & Exposition, Honolulu, HI. Retrieved from https://peer.asee.org/1469.

Horton, P. B., McConney, A. A., Gallo, M., Woods, A. L., Senn, G. J., & Hamelin, D. (1993). An investigation of the effectiveness of concept mapping as an instructional tool. *Science Education, 77*, 95–111.

Howard, L. (2010). *Five easy steps to a balanced science program for secondary grades.* Englewood, CO: Lead + Learn Press.

Hoy, W. K., Sweetland, S. R., & Smith, P. A. (2002). Toward an organizational model of achievement in high schools: The significance of collective efficacy. *Educational Administration Quarterly, 38*(1), 77–93.

Huang, T., & Franzus, B. (1984). The vitamin C debate. *National Forum, 64*(1), 19.

Jeon, K. (2012). Reflecting on PEMDAS. *Teaching Children Mathematics, 18*(6), 370–377.

Jerald, C. D. (2007). *Believing and achieving* (Issue brief). Washington, DC: Center for Comprehensive School Reform and Improvement.

Jimerson, S. R. (2001). Meta-analysis of grade retention research: Implications for practice in the 21st century. *School Psychology Review, 30*(3), 420–437.

Johnson, D. W., & Johnson, R. T. (1999). *Learning together and alone: Cooperative, competitive, and individualistic learning.* Boston, MA: Allyn & Bacon.

Kapur, M. (2008). Productive failure. *Cognition and Instruction, 26*(3), 379–424.

Kapur, M. (2014). *Failure can be productive for teaching children maths.* Retrieved from http://theconversation.com/failure-can-be-productive-for-teachingchildren-maths-22418.

Karp, K. S., Bush, S. B., & Dougherty, B. J. (2014). 13 rules that expire. *Teaching Children Mathematics, 21*(1), 18–25.

Klahr, D., Zimmerman, C., & Jirout, J. (2011). Educational interventions to advance children's scientific thinking. *Science, 333*, 971–975.

Lou, Y., Abrami, P. C., Spence, J. C., Poulsen, C., Chambers, B., & d'Apollonia, S. (1996). Within-class grouping: A meta-analysis. *Review of Educational Research, 66*(4), 423–458.

Manzo, A. V. (1969). ReQuest procedure. *Journal of Reading, 13,* 123–126.

Marzano, R. J. (1998). *A theory-based meta-analysis of research on instruction.* Aurora, CO: Mid-Continent Regional Education Lab.

Marzano, R. J. (2004). *Building background knowledge for academic achievement. Research on what works in schools.* Alexandria, VA: Association for Supervision and Curriculum Development.

Marzano, R. J., & Pickering, D. J. (2005). *Building academic vocabulary teacher's manual*. Alexandria, VA: Association for Supervision and Curriculum Development.

Marzano, R. J., Pickering, D. J., & Pollock, J. E. (2001). *Classroom instruction that works: Research-based strategies for increasing student achievement*. Alexandria, VA: Association for Supervision and Curriculum Development.

Mayer, R. E. (2003). The promise of multimedia learning: Using the same instructional design methods across different media. *Learning and Instruction, 13*(2), 125–139.

Mayer, R. E. (Ed.). (2005). *The Cambridge handbook of multimedia learning*. New York, NY: Cambridge University Press.

Mayer, R. E. (2011). *Applying the science of learning*. New York, NY: Pearson.

Medina, J. (2014). *Brain rules: 12 principles for surviving and thriving at work, home, and school*. Seattle, WA: Pear Press.

Michaels, S., O'Connor, M. C., Hall, M. W., & Resnick, L. B. (2010). *Accountable Talk® sourcebook: For classroom conversation that works* (v.3.1). Pittsburgh, PA: University of Pittsburgh Institute for Learning. Retrieved from http://ifl.lrdc.pitt.edu.

National Research Council. (2007). *Taking science to school: Learning and teaching science in grades K–8*. Washington, DC: National Academies Press.

Nesbit, J. C., & Adesope, O. O. (2006). Learning with concept and knowledge maps: A meta-analysis. *Review of Educational Research, 76*(3), 413–448.

Newton, P., Driver, R., & Osborne, J. (1999). The place of argumentation in the pedagogy of school science. *International Journal of Science Education, 21*(5), 553–576.

NGSS Lead States. (2013). *Next generation science standards: For states, by states*. Washington, DC: National Academies Press.

Novak, J. D., & Gowin, D. B. (1984). *Learning how to learn*. New York, NY: Cambridge University Press.

Nuthall, G. (2007). *The hidden lives of learners*. Wellington, New Zealand: NZCER Press.

O'Donnell, A. M., Dansereau, D. F., & Hall, R. H. (2002). Knowledge maps as scaffolds for cognitive processing. *Educational Psychology Review, 14*, 71–86.

Palincsar, A. S. (2013). Reciprocal teaching. In J. Hattie & E. Anderman (Eds.), *International guide to student achievement* (pp. 369–371). New York, NY: Routledge.

Perkins, D. N., & Salomon, G. (1992). Transfer of learning. In T. Husén & T. N. Postlethwaite (Eds.), *The international encyclopedia of education* (2nd ed.). Oxford, England: Pergamon Press.

Protheroe, N. (2008, May). Teacher efficacy: What is it and does it matter? *Principal*, 42–45.

Ritchhart, R., Church, M., & Morrison, K. (2011). *Making thinking visible: How to promote engagement, understanding, and independence for all learners.* San Francisco, CA: Jossey-Bass.

Rosenshine, B., & Meister, C. (1994). Reciprocal teaching: A review of the research. *Review of Educational Research*, *64*, 479–530.

Rutherford, F. J., & Ahlgren, A. (1990). *Science for all Americans.* New York, NY: Oxford University Press.

Sacks, O. (2001). *Uncle Tungsten: Memories of a chemical boyhood.* New York, NY: Knopf.

Sapon-Shevin, M. (1994). *Playing favorites: Gifted education and the disruption of community*. Albany: State University of New York Press.

Smith, I. (2007). *Sharing learning intentions.* London, England: Learning Unlimited.

Sweller, J. (2005). Implications of cognitive load theory for multimedia learning. In R. E. Mayer (Ed.), *Cambridge handbook of multimedia learning* (pp. 19–30). New York, NY: Cambridge University Press.

Treagust, D. F., & Tsui, C.-Y. (2014). General instructional methods and strategies. In N. G. Lederman & S. K. Abell (Eds.), *Handbook of research on science education: Volume II* (pp. 303–320). New York, NY: Routledge.

Virginia Department of Education (VDOE). (2012). *Practices for science investigation: Kindergarten-physics progression.* Richmond, VA: Author.

Wandersee, J., Mintzes, J., & Novak, J. (1994). Research on alternative conceptions in science. In D. Gabel (Ed.), *Handbook of research on science teaching and learning* (pp. 177–210). New York, NY: Macmillan.

Wilfong, L. G. (2012). The science text for all: Using textmasters to help all students access written science content. *Science Scope, 35*(5), 56–63.

Zembal-Saul, C., McNeill, K. L., & Hershberger, K. (2012). *What's your evidence? Engaging K–5 children in constructing explanations in science.* Boston, MA: Pearson.

Zepeda, C. D., Richey, J. E., Ronevich, P., & Nokes-Malach, T. J. (2015). Direct instruction of metacognition benefits adolescent science learning, transfer, and motivation: An *in vivo* study. *Journal of Educational Psychology, 107*(4), 954–970.

索引 *

* 索引词条按汉语拼音排序，词条所附数码为英文原著页码，即本书边码。

出 版 人　郑豪杰
责任编辑　王　瑞
版式设计　郝晓红
责任校对　白　媛
责任印制　叶小峰

图书在版编目（CIP）数据

可见的学习：K–12 科学版 /（美）约翰·阿尔马罗德（John Almarode）等著；翁绮睿译 .—北京：教育科学出版社，2022.9

书名原文：Visible Learning for Science (Grades K–12)

ISBN 978-7-5191-2663-6

Ⅰ . ① 可…　Ⅱ . ① 约… ② 翁…　Ⅲ . ① 科学知识—学前教育—教学参考资料 ②科学知识—中小学—教学参考资料　Ⅳ . ①G613.3　②G633.73

中国版本图书馆 CIP 数据核字（2022）第 072177 号

北京市版权局著作权合同登记 图字：01–2022–5307 号

可见的学习（K–12 科学版）

KEJIAN DE XUEXI（K–12 KEXUE BAN）

出版发行	教育科学出版社		
社　　址	北京·朝阳区安慧北里安园甲 9 号	邮　　编	100101
总编室电话	010-64981290	编辑部电话	010-64981280
出版部电话	010-64989487	市场部电话	010-64989009
传　　真	010-64891796	网　　址	http://www.esph.com.cn
经　　销	各地新华书店		
制　　作	北京浪波湾图文设计有限公司		
印　　刷	保定市中画美凯印刷有限公司		
开　　本	720 毫米 ×1020 毫米　1/16	版　　次	2022 年 9 月第 1 版
印　　张	10	印　　次	2022 年 9 月第 1 次印刷
字　　数	160 千	定　　价	35.00 元

图书出现印装质量问题，本社负责调换。

Visible Learning for Science, Grades K–12
By John Almarode, Douglas Fisher, Nancy Frey, John Hattie